Wie es mich fortzog

die Welt zu bestaunen

Petra Somberg-Romanski

Wie es mich fortzog

die Welt zu bestaunen

Meine Erinnerungen aus 50 Jahren

Reiselust

Band I

Petra Somberg-Romanski

Inhaltsverzeichnis

Meinem Enkel

Frederick Somberg

gewidmet

Sonne, Sand und Meer

1959

Ich bin der festen Überzeugung, dass mir mein ausgeprägtes Fernweh und meine Reiselust durch meine Großmutter Anna vererbt wurde.
Sie reiste ebenso gern wie ich und nutzte jede Gelegenheit die sich bot, in die Ferne zu ziehen.

So ganz offen zugeben wollte sie es allerdings auch nicht. Meine Oma reiste schon in früh in ihren jungen Jahren. Besuch bei den Schwiegereltern in Thüringen oder kurz nach dem Krieg zu meinem Vater. Diesen an seinem Krankenlager im Lazarett im Erzgebirge zu besuchen, war ihr eine leichte Übung. Mein Großvater väterlicherseits war Maschinenbauer, ein zu seiner Zeit, vergleichsweise sehr moderner Beruf. Bis zum Ende seines Berufslebens arbeitete er auf verschiedenen Großbaustellen im süddeutschen Raum. Meine Oma reiste ihm sehr gern nach.

„Ich fahr ja nicht zu meinem Vergnügen", betonte meine Großmutter immer wieder, wenn sie wieder einmal ihren kleinen Koffer packte, ihren neuen Mantel anzog und von uns zum Bahnhof begleitet werden wollte, um meinen Opa in Mannheim oder Heidelberg zu besuchen. Fahrkarte und Mantel waren mit dem Geld meiner Eltern bezahlt. Das damals junge Ehepaar hatte es zusammengespart, um neue Schlafzimmermöbel anzuzahlen. Denn obwohl mein Großvater nicht gerade schlecht verdiente, benötigte meine Oma immer etwas zusätzlich. Die später erfolgten Rückzahlungen des kleinen Kredites wurden so diskret behandelt, dass mein Opa sie für für Zuwendungen an meine Eltern der Oma hielt und hin und wieder erinnerte er sie, dass er und Oma ja das Schlafzimmer der jungen Leute bezahlt hätten und ein wenig Dankbarkeit ja nicht zu viel verlangt wäre. Meine Oma schwieg wissend und so hatten meine Eltern ebenfalls noch sehr lange eigene Erinnerungen an diese Reisen, ohne je mitgefahren zu sein. Besonders wenn wir uns wieder einmal die schwarzweiß Fotografien ansehen durften die meine Großeltern, in einem großen Fass sitzend und Wein trinkend, zeigten.

„Ich will mitfahren", forderte ich kaum fünfjährig ein. „Kinder die was wollen, die kriegen was auf die Bollen", war die viel erprobte Antwort meiner Oma. „Du kannst verreisen, wenn du dein eigenes Geld verdienst". „Auch nach Amerika"? Ich wollte unbedingt nach Amerika. „Nach Amerika reist man nicht, sondern dorthin wandert man aus". Die Antwort kam deutlich. „Du willst doch nicht auswandern? Du bist doch ein Mädchen, die bleiben bei der Mutter zu Hause bis sie heiraten. Amerika das ist nur ein Traum der sich für unsereins nicht erfüllt". Aber ich ließ mich nicht beirren. Wer weiß, vielleicht wird ja doch mal daraus. Auch meine Oma lenkte ein. "Warum eigentlich nicht, in diesem Jahrhundert hat sich schon so viel verändert? Warum sollte dann ein Mädchen nicht auch nach Amerika reisen".

Vorerst allerdings hieß es sich mit den Erzählungen der Familienmitglieder beim Sonntagskaffee zu begnügen. Einige Verwandte kannten die Welt schon, waren sogar schon einmal ins Ausland gereist.

In den fünfziger Jahren waren in unserer Familie noch diverse Onkel und Tanten, die Geschwister und Schwäger meiner Oma und Kusinen meines Vaters, reichlich vorhanden. Weiter entfernt wohnende Angehörige wurden zu Lebensfesten Taufen, Konfirmationen, Hochzeiten, Beerdigungen und natürlich zu Geburtstagen besucht. Zu denen die in der Nähe wohnten, ging man am Sonntag zum Kaffee. Bei Bohnenkaffee und Obstboden, der je nach Jahreszeit belegt war, wurde geklatscht, gestrunzt und gelästert.

Ich war immer mal wieder gern bei Onkel Fritz und Tant Nanny, ja wir sagten Tant Nanny, zu Gast. Onkel Fritz und Tant Nanny hatten bereits ein Hobby das mir sehr gefiel. Die Beiden gönnten sich Tagesreisen, abwechselnd mit den beiden örtlichen

Busunternehmern Laska und Büssemeier, in das nahe Ausland. In die Niederlande, nach Holland wie sie sagten. Sie waren in Zandvoort und Scheveningen gewesen. Sie hatten den Strand und das Meer gesehen und schwärmten von den tollen Einkaufsmöglichkeiten in Holland. Kaffee, Zigaretten und Butter, alles da und alles viel billiger als in Deutschland. Ja der Zoll, das ist ein Problem, aber man kann die Waren ja verstecken, da sei man ja inzwischen firm drin. Fahrt doch auch mal mit, Reisen bildet und man hat sich ja auch lange nichts gegönnt nach der schlechten Zeit, die ja Gott sei Dank jetzt vorüber ist.

Oma und Opa und meine Eltern berieten lange darüber, ob eine Reise ins Ausland für uns nicht doch zu teuer und zu gefährlich sei. Erstaunlicherweise entschieden sie sich für eine Fahrt ins Ungewisse und wir buchten einen Tag am Meer für zehn Personen

Ich war aufgeregt, weil ich mir so viel ich auch nachdachte das Meer nicht vorstellen konnte.

War es so wie auf dem Ölbild im Wohnzimmer, auf dem eine Hansekogge gegen den Sturm auf der Ostsee ankämpfte und diesen Kampf offensichtlich zu verlieren schien? Mein Bruder erzählte mir, dass wir ja nicht an die Ostsee, sondern an die Nordsee fahren und da ist alles anders. Dort gäbe es Ebbe und Flut und bei Ebbe ist kein Meer da und man kann nicht baden. Er war nicht bereit mir mehr zu erzählen und ich bin immer noch sicher, er wusste auch nichts Näheres. Oder war es so ruhig und schmal wie der Rhein-Herne Kanal, an dessen Ufer wir manchmal im Hochsommer unsere Freizeit verbrachten, zum Schwimmen in die schmutzige Brühe sprangen und den Binnenschiffen zusahen. Ich hatte keine Ahnung und so fürchtete ich die Reise auch bisschen.

In der Nacht vor dem großen Tag träumte ich vom Meer. In meinem Traum war das Meer ein genaues Abbild unseres Gelsenkirchener Jahnfreibades, mit einem großen Unterschied. Hier am „Meer" kamen am Ende eines fröhlichen Badetages plötzlich Männer mit großen Holzplatten und deckten das Wasser zu. Den Besuchern wurde erklärt, jetzt sei Flut und das Badevergnügen zu Ende. Im Traum war ich sehr mutig und stark und hob eine der Holzplatten hoch und schaute darunter. Ein riesiges Höllenfeuer loderte dort und Flammen schossen heraus, ich ließ die Holzplatte schnell fallen und wachte plötzlich mit angsterfülltem Herzen auf. Ich hatte plötzlich so gar keine Lust mehr dieses Meer zu sehen.

Aber es wurde Tag und wir standen sehr früh auf, um uns mit der Familie am Hauptbahnhof zu treffen um mit dem Bus zu reisen. Zu diesem besonderen Anlass spendierte unser Vater uns die Straßenbahnfahrt mit der Linie 17 zum Hauptbahnhof. Zu anderen Zeiten wurde diese Strecke gelaufen, denn schließlich kostete eine Fahrkarte 25 Pfennig. Mein Vater selbst fuhr zu jeder Gelegenheit mit der Bahn, er hatte aufgrund seiner Kriegsverletzungen die Bahnfahrt kostenlos. Am Bahnhof trafen wir auf unsere

Verwandtschaft. Neben Oma und Opa, Onkel und Tante waren auch die Mutter und der Bruder meiner Tante Fernade, genannt Tant Nanny, mit von der Partie. Die Mutter war eine recht beleibte Person, trotz der immer wieder beklagten und angeblich erst kürzlich überwundenen schlechten Zeiten. Sie war so dick, dass es beim Einsteigen in den Bus zu erheblichen Verzögerungen kam. Mutter passte nicht durch die vordere Bustür. Onkel Fritz, mein Vater und der Busfahrer drückte sie schließlich durch die Hintertür ins Wageninnere. Ob sie einen Sitzplatz hatte oder auf der Rückbank gelagert wurde, ist mir nicht mehr in Erinnerung.

Die Busfahrt dauert eine ziemliche Ewigkeit, wir fuhren noch in drei weitere Städte um Mitreisende aufzunehmen und dann ging es in der kleinen Stadt Elten am Niederrhein über die Grenze. Ich war aufgeregt, zum ersten Mal in meinem Leben war ich im Ausland. Würde ich noch einmal die Gelegenheit bekommen so etwas zu erleben? Oder war diese Reise einmalig? So weit weg von zu Hause und alles war fremd. Die Sprache der Grenzbeamten, die Häuser auf der niederländischen Seite. Diese Häuser waren klein und aus rotem Backstein gebaut und hatten keine Gardinen. Lustig wie kann man so leben, mit offenen Fenstern in die jeder reinschauen kann. „Ja die Holländer haben keine Geheimnisse vor ihren Nachbarn, nicht so wie bei uns in Deutschland, wir sind ja im Verheimlichen Meister", erklärten meine Verwandten.

Nach weiteren zwei weiteren Stunden Fahrtzeit lag endlich unser Ziel die Stadt Zandvoort und das Meer vor mir. Ich war erleichtert, keine Holzbretter auf dem Wasser, und begeistert, die Sonne schien, der Wind riss an meinen Haaren und die Luft roch frisch nach Salz und Tang. Nie wieder im meinem Leben werde ich diesen Duft vergessen und jedes Jahr zieht es mich ein paarmal an die Küste um durchzuatmen. Ich liebe es, das ständig sich verändernde und doch immer gleich bleibende Spiel der

Gezeiten zu beobachten und einen kleinen, beruhigenden Blick in die Ewigkeit zu wagen.

Aber ich will nicht abschweifen, denn der Tag am Meer fing ja erst an.

Nach erstem Begutachten der Umgebung und vielfachem Lob des schönen Strandes, der guten und gesunden Seeluft, teilte sich unsere kleine Gruppe. Meine Großeltern, Onkel und Tante setzten sich, unter Sonnenschirme in Klappstühle und packten die mitgebrachte Verpflegung aus. Mein Opa, den ich nur mit Glatze kannte, nahm sein großes Herrentaschentuch, jeder anständige Herr hatte stets so ein Taschentuch dabei, knotete es an den vier Ecken und setzte es als Sonnenschutz auf seinen haarlosen Kopf. Danach widmete er sich den Köstlichkeiten, Kartoffelsalat im Einmachglas, Frikadellen, gekochte Eier und kalte Reibeplätzchen und noch mehr, er war zufrieden. Die ältere Generation reiste in ihren Alltagskleidern. Die Herren in Stoffhosen und Oberhemd und die Frauen im Kleid. Es zog sie auch nicht ins

Wasser, sie begnügten sich mit dem Zusehen. Unsere Eltern breiteten eine Decke näher am Wasser aus und machten es sich dort gemütlich. Meine Mutter hatte nie schwimmen gelernt und so saß sie auf der Decke und beobachtete den Badebetrieb, rauchte und lästerte über die anderen Badegäste. Mein Vater, ein sehr guter Schwimmer, stürzte sich gemeinsam mit uns Kindern in die Wellen. Es war herrlich, die Wellen waren so stark, dass sie mich immer wieder umwarfen und ich kaum Halt finden konnte, aber mein Papa war ja dabei und mein großer Bruder auch. Wir wollten gar nicht mehr aus dem Wasser heraus. Mein Bruder baute im Sand kleine Kanäle und ließ Schiffchen darin in Richtung Meer schwimmen. Ich sammelte mit meiner Mutter Muscheln am Strand, ein kleines Eimerchen voll. Als ich sie später im Wasser abwaschen wollte, fanden ein paar Muscheln dabei wieder den Weg zurück ins Meer.

Nach dem Baden und einem ausgiebigen Picknick, machten wir uns am frühen

Nachmittag auf, um in dem damals noch kleinen, Städtchen Zandvoort einzukaufen. Onkel und Tante kannten die besten Möglichkeiten bereits von ihren früheren Aufenthalten. So stöberten wir durch die Geschäfte und suchten nach den begehrten Schnäppchen. ZIGARETTEN standen ganz oben auf der Liste, dicht gefolgt von Kaffee und Butter, alles aufgrund von Steuersparnissen so viel billiger als in Deutschland. Meine Eltern kauften reichlich ein. Mit Tüten bepackt trafen wir am Spätnachmittag wieder am Bus ein. Alle Mitfahrer waren bepackt wie zu Weihnachten. Jetzt hieß es die guten Sachen so unterzubringen, dass der Zoll sie nicht finden konnte. Die älteren Frauen packten Kaffeepakete in ihre, damals noch aus mehr Stoff gefertigten, Büstenhalter und Korsetts und hofften, die Zollbeamten würden aus Höflichkeit und Anstand den Damen nicht an die Wäsche fassen. Mein Vater hatte an diesem Tag extra für die Reise ein weißes Hemd angezogen. Jetzt steckte er sich die unverzollten Zigarettenpäckchen hinter dem

Rücken in das Hemd. Die Zehnpfund Butter wurden in die nasse Badekleidung gewickelt und im Bus unter die Sitze gelegt. Der Rest der Einkäufe war eher unproblematisch und konnte in den Tüten bleiben. So kam der Bus am Grenzübergang Elten an. Unter den Fahrgästen wurde es sehr ruhig, als die niederländischen Grenzbeamten einstiegen und die Ausweise forderten. Sie blickten jedem, wie einem höchst Verdächtigen, lange ins Gesicht. Dann verabschiedeten sie sich und die Reisegruppe atmete hörbar auf. Aber zu früh gefreut, jetzt kam der deutsche Zoll und der hatte mehr Interesse daran Geld einzutreiben. Der Bus wurde auf eine andere Spur geleitet und musste vor einer Baracke stehen bleiben. Alle Reisenden wurden aufgefordert auszusteigen, ihre Sachen mitzunehmen und in die Baracke zu treten. Ich durfte sitzen bleiben, weil ich noch so klein war. Ich konnte aber vom Bus aus durch die Barackenfenster sehr gut sehen, was da vor sich ging. Jeder musste an einer Gruppe Zöllner vorbeigehen und seine Einkaufstüten und Taschen ausleeren. Die Jacken wurden ausgezogen, um dann von den Beamten abgetastet zu werden. Die Damen mit dem Kaffee im BH wurden mit einem Stöckchen abgetastet, der Beamte musste sie gar nicht anfassen und das eine oder andere Pfund Kaffee durfte nachverzollt werden. Ich glaube aber hier waren nur kleine Summen fällig die zu verkraften waren. Heute bin ich überzeugt, dass es gewollt war die Käufer aus Deutschland nach Holland zu bringen. Die Zollkontrollen waren eher zur Einschüchterung, der damals noch sehr ungeliebten Deutschen gedacht. Denn auch mit Zollgebühren lohnte sich die Fahrt auf jeden Fall.

Mein Vater wurde, davon bin ich überzeugt von den Grenzbeamten mit großem Mitleid betrachtet, denn als er in den Bus stieg, bot er nicht nur ihnen sondern auch uns einen Blick auf seine Rücken und auch auf fünfzehn Zigarettenpäckchen. Die Marke deutlich durch das dünne weiße Hemd zu lesen. Er hatte vergessen seine Jacke beim Verlassen Baracke wieder über zu ziehen. Aber die

Zöllner ließen ihn mit seiner Beute ungehindert weiterziehen. Als der Bus wieder auf deutschem Boden war, zog mein Onkel Fritz hinter mir eine Tüte mit Zigaretten hervor. Er hatte erfolgreich gehofft, dass ich nicht aussteigen muss und die Tüte hinter meinem Kuschelkissen versteckt. Er wusste wie es geht, ein Reiseprofi.

Die zehn Pfund Butter wurden zu Hause in Salzlake gelegt und dann im Keller aufbewahrt. Einen Gefrierschrank hatten wir nicht. Wochenlang gab es gute, holländische Butter, die allerdings nach einiger Zeit schon etwas ranzig schmeckte. Aber uns wurde klar gemacht, wie gut es uns ginge und wir dankbar dafür sein müssen. Mir ist der Appetit auf Butter seitdem vergangen, ich esse sie kaum noch sie ist aber eine bleibende Erinnerung an meine erste Reise ins unbekannte, aufregende Ausland.

Good old England

1974

Von meiner Heimatstadt aus bis London in England sind es ungefähr 550 Kilometer, etwa genau so weit wie nach Stuttgart. Das ist, oberflächlich betrachtet, keine große Entfernung und so führten mich meine Reisen mehrfach auf die Insel.

Zum ersten mal 1974. Wir fuhren mit dem Auto. Unser Sohn Uwe war damals 4 Jahre alt, aber es war nicht seine erste Reise. Teneriffa hatte er bereits in Windeln erkundet. Die schnellsten Wege nach England sind die Fährverbindungen von Calais nach Dover. Damals wie heute. Wir nahmen eine Autofähre des Unternehmens „Herold of Free Enterprise", das leider 1987 zu trauriger Berühmtheit gelangte. Eine der Fähren lief vor Zeebrügge auf eine Sandbank und strandete. 193 Menschen verloren dabei ihr Leben. Aber die Menschen vergessen schlimme Ereignisse und Nachrichten meist sehr schnell wieder und alles ist beim Alten.

Die Fährschiffe der „Herold" Linie waren relativ klein, aber preiswert, hatten aber außer einem Bistro und einem Kiosk für zollfreie Waren keinen weiteren Komfort an Bord. So war man froh nach 41/2 Stunden wieder Land unter den Füßen zu haben.

Wir kannten England nur aus den damals im Kino und Fernsehen laufenden Filmen. Hauptsächlich Krimis von Autoren wie Agatha Christie und Edgar Wallace. In unserer Vorstellung bestand die britische Insel aus kleinen Dörfern mit hübschen Backsteinhäuschen die mit wildem Wein und Bourgonville fast zugewachsen sind und gepflegten Blumengärtchen. Obwohl dort aber Mord und Totschlag an der Tagesordnung schienen. Oder geheimnisvolle Schlösser und Herrenhäuser mit Verliesen, Geheimgängen und dunklen Gestalten und Gespenstern. Mein Englandbild ist bis heute ein klein wenig von diesen Filmen geprägt und so suche ich immer noch nach er Erfüllung meiner Vorstellungen und wurde bisher auch nicht enttäuscht.

Wir betraten England in Kent, einer Landschaft wie sie britischer nicht sein kann. Sanfte grüne Hügel mit so genannten „Knicks", das sind Hecken die auf den Wiesen und Weiden als Abgrenzungen gepflanzt werden, im Frühjahr blühen sie mit einer wahrhaft riesigen Pracht und Blütenvielfalt.

Von Kennt aus fuhren wir ein Stück weiter in den Nordosten nach Essex. Unsere Ziele waren Colchester, sollte ein kleines städtisches Highlight sein und Clacton-on-Sea, ein schon seit dem 19. Jahrhundert beliebten Badeort an der Kanalküste. Die Autobahn M20 gab zwar schon in einigen Bereichen, aber ein Netz von Schnellstraßen war noch gar nicht vorhanden und so fuhren wir auf einer Landstraße von Dover über Canterbury, Rochester nach Gravesend. Vorbei an kleinen dörflichen Ansiedlungen, hübschen kleinen Landhäusern auch grauem Stein mit üppigen Blumengärten. Saftig grüne Wiesen und knorrige Baumgruppen säumten den Weg. Die Menschen waren sehr freundlich und hilfsbereit. Sehr schnell kamen wir nicht voran, denn die Straßen waren nicht besonders gut gepflastert und wurden in den Ortschaften immer wieder von Kreisverkehren unterbrochen. In einem Städtchen hielten wir an, um eine Kleinigkeit zu essen. Das Zentrum bildete eine überschaubare Ladenstraße, in der sich auch die Kirche des Ortes befand. Die kleinen Geschäfte boten die verschiedensten Waren des täglichen Lebens an. Neben dem Bäcker und Metzger, dem Milchmann und einem Obstgeschäft, Läden mit Kurzwaren und Bekleidung gab es auch einen Kolonialwarenhändler mit einem ganz erstaunlichen Angebot an ausländischen Waren aus den ehemaligen britischen Kolonien. Besonders der Tee war von hervorragender Qualität. Zu einem dieser Geschäfte gehörte ein kleines gemütliches Teehaus, das fast wie ein Wohnzimmer mit kleinen Polstersesseln und runden Tischchen eingerichtet war. Wir genossen hier unseren Tee und aßen dazu englisches Gebäck und Gurkensandwiches.

In Gravesend wartete bereits wieder eine Fähre und setzte und über den River Thames (Themse) der bis heute die Verwaltungsgrenze zwischen den Grafschaften Kent und Essex markiert. Hinter Tilbury ging es weiter über Standfort le Hope, Rayleigh, Chelmsford nach Colchester. Wir benötigten für diese Strecke von ungefähr 190 Kilometern den ganzen Tag und kamen erst am Abend müde in unserem Hotel in Colchester an. England war nicht gerade bekannt für sein hervorragendes Hotelangebot. Man hörte immer wieder schlimme Dinge über Service und Sauberkeit die uns erschaudern ließen. Es gab nur dieses eine größere Hotel und wir hatten vorgebucht um nicht, wie wir, nach Berichten von anderen Reisenden befürchteten, in einem kleinen, staubigen viktorianischen Zimmerchen bei einer uralten Dame übernachten zu müssen. Unser Hotel war äußerlich eine große Enttäuschung. Ein viereckiger Klotz nach amerikanischem Vorbild, modern und zweckmäßig, für unseren Geschmack so gar nicht britisch.

Aber es entschädigte mit einer für das 1974 sehr komfortablen Ausstattung. Das Mark Tey Hotel gibt es heute noch und ist eines von vielen in Colchester. Am nächsten Tag brachen wir nach Clacton on Sea auf, der Name klang so schön. Wir spazierten die Strandpromenade hinauf und hinunter vorbei an den typischen Doppelhäuschen aus rotem Backstein und aßen „fish and chips", Fisch und Fritten mit mildem Essig übergossen, verpackt im, zur Tüte gedrehten, Zeitungspapier. Der Fisch war super frisch und schmeckte köstlich. Auf dem Rückweg ein Schreck für unseren damals 4jährigen Uwe, der sich von meiner Hand losgerissen hatte und sich gerade davon machen wollte, um ein paar Enten zu verscheuchen. Ein Polizist hielt in an und fragte nach seinem Namen, dass er dabei freundlich lächelte schien dem Kleinen gar nicht aufzufallen. Er war sehr beindruckt und auch ein bisschen verschüchtert. Der Polizist war ein echter „Bobby" freundlich, hilfsbereit unverkennbar mit dem typischen Helm der West Mercia Constabulary und bis auf einen

Schlagstock unbewaffnet. Er sprach noch ein paar freundliche, aber auch mahnende Worte mit dem Kind, das leider die englische Sprache noch nicht, aber die Gesten sehr wohl zu deuten verstand. Uns wünschte er ein herzliches Willkommen und einen schönen Aufenthalt und schenkte dem Kleinen ein Bonbon. Mit einer leichten Verbeugung tippte er sich an den Helm und verabschiedete sich.

Es vergingen zwei Jahre bis wir God Old England wiedersahen.

The Smugglers Nest

1976   *

Eine Annonce in der Zeitung wies mich auf eine kleine Pension in Polperro Cornwall, mit dem Namen „Crumplehorn Mill", hin und pries ein schönes Zimmer in einer historischen Mühle aus dem 14. Jahrhundert, zu einem günstigen Preis an. Dieses Inn wurde von einem jungen Paar geführt. Wir buchten und packten an einem schönen Sommermorgen unser Gepäck ins Auto und ab ging es quer durch Belgien über Antwerpen und Brüssel in Richtung Frankreich Dünnkirchen. Ab Dünnkirchen oder Calais wollten wir uns wieder wagemutig mit einer Fähre der „Herold of Free Enterprise" nach Dover übersetzen lassen. Da wir sehr früh am Morgen aufgebrochen waren, standen wir bereits gegen Mittag an der Zoll und Passkontrolle im Hafen von Dover. Die Kilometerzahl zwischen Dover und Polperro beträgt ungefähr 300 Kilometer. Unser Plan war es mit im Durchschnitt 80 Kilometer in der Stunde voran zu kommen. Das wäre auch 1976 auf deutschen Straßen und Autobahnen kein Problem gewesen um am frühen Abend in Cornwall zu sein. Die lange Fahrt von Dover nach Colchester zwei Jahre zuvor hatten wir wohl irgendwie vergessen oder verdrängt.

Die Ausfahrt aus dem Hafengelände befand sich direkt unter den Kreidefelsen. Diese wirken schon aus der Ferne vom Festland oder vom Schiff aus sehr beeindrucken. Aus der Nähe sind sie aber noch eindrucksvoller. Am Fuße dieser Felsen lag die kleine Stadt Dover. Ihre Häuser zogen sich den Hang hinauf und auf dem oberen Kamm dem höchsten Punkt des Felsens thront die Ruine von Dover Castle. Erbaut in frühnormannischer Zeit nach 1066, an der Stelle an der schon in der Römerzeit ein Leuchtturm und später eine sächsische Kirche standen. Wir fuhren eine, nicht sehr breite, kurvige Straße hinauf bis auf das Plateau des Kreidefelsens und genossen die herrliche Aussicht auf den Ärmelkanal. Das europäische Festland ist hier nur wenige Kilometer von der britischen Insel entfernt und man sieht die französische Küste deutlich und sie erscheint ganz nah. Aber wir hatten nicht allzu viel Zeit zum Verweilen, eine größere Strecke lag noch vor uns. Also bogen wir in einen der vielen kleinen Kreisverkehre ein, die uns auf dem weiteren Weg noch viele Nerven kosten würden, weiter in Richtung Brighton. Brighton ist eine Legende unter den Seebädern des 19.Jahrhunderts. Die englische Gesellschaft genoss hier den warmen Sommer und den durch den Golfstrom begünstigten milden englischen Winter.

Im 1899 konnte man folgenden Text in *Meyers Konversationslexikon* nachlesen:

„Brighton hat drei Saisons im Lauf des Jahres. Im Mai und Juni ist es fast ausschließlich von den Familien der Londoner Kleinbürger (Trades People) besucht, im Juli und August von Ärzten, Advokaten, Künstlern etc., und in den Herbst- und Wintermonaten, wenn es an

der südlichen Seeküste sonnig warm ist, wimmelt es von Lords und Ladies, die vom Kontinent heimkehren. Die Zahl der Besucher, welche sich längere Zeit hier aufhalten, beträgt jährlich über 80.000".

Das Brighton das wir vorfanden war schon ein bisschen plüschig und angestaubt. Der Royal Pavillon ist ein palastartiges Gebäude, den Mogulpalästen in Indien nachempfunden. Sehr sehenswert mit einer Innenausstattung im chinesischen Stil, erbaut Anfang des 19.. Jahrhunderts und die Seebrücke mit ihrem über dem Wasser liegenden Theater, dominierten das Stadtbild. Elegant und vornehm war hier leider nichts mehr, Glücksspielautomaten und Krimskrams beherrschte das Bild. Ich wollte aber unbedingt die Stadt sehen in der so viele Krimis spielten und auch Sherlock Holmes Verbrechern auf der Spur war. Wir machten eine Tee Pause und verloren leider die Zeit ein bisschen aus den Augen. Als wir später der Küstenstraße weiter nach Westen folgten, war es schon später Nachmittag .Wir hatten kurz zuvor in der Mühle in Polperro angerufen und eine unbedeutende Verspätung mitgeteilt. Die freundliche Stimme am anderen Ende der Leitung klang etwas skeptisch auf und die Nachfrage nach unserem derzeitigen Standort hinterließ eine gewisse Unsicherheit bei uns. Man riet uns eindringlich vor Ort nach einer Übernachtung zu suchen und dann am nächsten Morgen weiter zu reisen. Das wollten wir auf keinen Fall, es waren ja nur noch ein paar Kilometer. Das sich bei der Angabe nicht, um bei uns gebräuchliche Kilometerangaben sondern, um Meilen handelte und wir auf der Küstenstraße maximal 50 Stundenkilometer fahren konnten, hatten wir erfolgreich verdrängt.

Es ging im Schneckentempo durch immer neue Kreisverkehre hier „Round Abouts" genannt, die jeden kleinen Küstenort ankündigten. Diese lagen aber allesamt bereits in tieferdunkler Nachtruhe am Weg. Es war gegen vier Uhr, wir waren völlig fertig und überlegten ob wir nicht einfach am

Wegrand stehen bleiben und eine Mütze Schlaf nehmen sollten, als wir eine letzte Kehre über einen kleinen Hügel überwanden und sich dahinter vor uns ein Tal auftat. Ein paar Nebelschleier zogen vorbei und im blassen Mondlicht erkannten wir ein paar, eng beieinander liegende, gedrungene Häuser die in völliger Dunkelheit vor uns lagen. Polperro, wir waren angekommen, aber wo? War dieser Ort bewohnt? Lebte hier überhaupt jemand. Es war absolut nichts zu erkennen. Nicht mal ein Hund bellte. Aber als wir näher kamen erkannten wir am Ortsrand ein Haus und ein einzelnes Licht. Wir fuhren darauf zu und da war sie „The Crumplehorn Mill". Wir hatten unser Ziel erreicht und parkten den Wagen vor dem mit Stroh gedeckten Haus und gingen auf die Eingangstür zu. Ein wenig Licht kam von einer einzigen Lampe die über dem Eingang angebracht war und die Stufen beleuchtete. Auf diesen Stufen stand ein Korb. Wir konnten es fast nicht glauben. Unsere Gastgeberin hatte für uns frische Brötchen, Butter, Eier und Marmelade dazu eine große

Thermoskanne mit Tee und eine Zeitung breit gestellt. Ein Zettel mit einem „Welcome" lag ebenfalls dabei. Wir haben uns sehr gefreut und waren dankbar für dieses Zeichen der Gastfreundschaft. Wir verbrachten sehr schöne Tage in dem alten Gebäude der Mühle, welches von sehr netten jungen Wirtsleuten übernommen und renoviert worden war. Der alten Charme der Mühle hatten sie erhalten. obwohl das Mühlenrad, dass bis in 50.Jahre noch in Betrieb war, zerbrochen war und entfernt wurde.

Polperro war in diesen Tagen noch ein Fischerdorf, mit kleinen verwunschen Gassen und nur einem Gasthaus im Ort, das „Old Smuggler Inn". Die Menschen hier lebten alle Zeit vom Fischfang und hauptsächlich vom Schmuggel, der hier über viele Jahrzehnte Haupteinnahmequelle war. In jeder Familie gab es einen mutigen und gefährlichen Haudegen der weder Tod noch Teufel, und schon gar nicht die Polizei, fürchtete. So wurde es jedenfalls erzählt. Fast jedes Haus hatte einen geheimen Keller in denen einst von Whiskey über Zigaretten, alle möglichen und unmöglichen Schmuggelwaren auf ihre Abnehmer warteten. Das ganze Dorf war mit beteiligt. Nennenswerten Tourismus gab es noch nicht, die Fremden die hierher kamen waren Durchreisende, Angler und Segler, die im Inn ein Lunch bestellten oder an dem einzigen Imbiss Stand am Markt eine Portion Chips aßen, eine regionale Spezialität. Eine Portion Chips bestand aus einer großen Chornischen Kartoffel, die hier frisch vor Ort geschält, in Streifen geschnitten und frittiert wurde. Mit oder ohne Essig, eine Köstlichkeit. In der kleinen Kneipe im Dorf dem „Smugglers Inn" tranken wir ein gutes Bier und lauschten den Erzählungen der Einheimischen über die gute alte Zeit. Die noch gar nicht so lange her war. Sehr lebendig war die Geschichte des Ortes auch noch in der in der Zeit unserer Reise. Unzählige, gruselig, schönen Geschichten die man hier erzählte und die dem Fremden wohlige Schauer über den Rücken laufen ließen.

Ich habe meinem Sohn Uwe später immer wieder von der Chornischen Variante der Pommes Frites vorgeschwärmt. Von der Frische und dem einmaligen Geschmack.

The Smugglers Business

1986

1986 besuchten Uwe und ich während einer gemeinsamen Reise nach Cornwall natürlich auch noch einmal Polperro das heißt wir (ver)suchten es. Mit dem Linienbus der Firma Wallace&Arnold ging es von Torquay aus, zu einem Tagesausflug nach Polperro.

Der Bus hielt am Ortsrand. Dort befand sich jetzt ein Großer Parkplatz. Polperro war gar nicht mehr einfach so zu besuchen. Viel hat nicht gefehlt und wir hätten Eintritt zahlen müssen. Das urig beschauliche und urtümliche Polperro war zu einem Disneyland mutiert. Die Besucher wurden in Gruppen durch das Dorf geführt.

Aber der Imbiss befand sich noch auf dem Dorfplatz. Davor stand eine lange Menschenschlange hungriger Touristen und wartete geduldig bis die junge Dame hinter dem kleinen Ausgabefenster, aus einer Plastiktüte Kartoffelstreifen in das heiße Fett schüttete. Auf der Tüte mit dem Aufdruck „de Fritjes Spezialist van Niederlande",

Uns war der Appetit vergangen.

Auf der Homepage von Splendit Britain folgenden Artikel er spricht für sich.
Wed, 11 April, 2012 by splendidbritain

Ein Schmugglerdorf, wie aus dem Bilderbuch.

Polperro auch als ehemaliges Schmugglerdorf bekannt, gehört mit zu den romantischsten Fischerdörfern in Cornwall. Man könnte fast denken, es ist eine Filmkulisse.

Die engen und holprigen Straßen mit den kleinen alten Hütten und Cottages lassen erahnen, wie es vor einigen Jahrhunderten ausgesehen haben mag.

Nur leider hat die Schmugglerromantik dem englischen Dorf das Genick gebrochen. Der Kommerz und die Touristen haben das kleine beschauliche Örtchen fest im Griff.

Polperro liegt in einem Art Flusstal, welches bis an das Meer reicht. Als Besucher muss man einen relativ langen Weg durch das alte Schmugglerdorf zu Fuß zurücklegen, da alles sehr eng ist.

Falls man den Ort abseits der Urlaubssaison besucht, kann der kleine Gang zwischen den schnuckligen Häuschen durchaus reizend sein.

Doch im Sommer, wenn sich die Touristen durch die Gassen quälen, fällt es schwer, dies alles zu genießen.

Deshalb macht es auch Sinn, dass die Besucher vor dem Dorf auf großen Parkplätzen ihre Autos abstellen. Von dort gelangt man nur zu Fuß oder mit Pferdekutschen in das kleine Örtchen.

Leider – wie schon angedeutet – reiht sich ein Souvenir Geschäft an das nächste und wird auch mal von einem Café oder Restaurant abgelöst.

Ob es noch Einwohner gibt, die dort leben, ist schwer vorstellbar, da die Touristen in jeden Winkel vordringen.

Wer Touristenplätze, wie diesen mag, ist in Polperro gut aufgehoben.

Wer aber sich gerne abseits von den Touristenmassen bewegt, sollte eher einen großen Bogen um das Fischerdorf machen.

Bilder, wie die Touristen durch die schmalen Gassen geschleust werden, haben wir leider nicht.

*

Uwe und ich nahmen den nächsten Bus und sind weiter nach Exeter gefahren, eine hübsche, kleine englische Stadt, die mit vielen kleinen antiquarischen Buchläden lockte. Polperro haben wir den Tagestouristen überlassen.

Eine große Enttäuschung

Agatha Christies Torquay

Unser Hauptziel im Jahre 1986 war Torquay in Cornwall, die Heimat von Agatha Christie. Schon bei der Hinreise gab es Überraschungen. Wir sind bei dieser Reise mit dem Flugzeug angereist und in Heathrow Airport gelandet. Dann ging es mit dem Zug weiter. Eine Autofahrt kam für mich nicht mehr in Frage, denn es gab in England auf der Westroute immer noch keine schnelle Autobahn Verbindung, Der Zug fuhr von Reading aus nach Torquay. Eine Kleinbahn die, nachdem sie den Großraum London verlassen hatte, durch satte grüne Landschaften, mit grasenden Kühen auf den fetten Weiden, gen Westen fuhr. Je weiter wir kamen, umso kleiner, freundlicher und uriger wurden die Städtchen mit den dazu gehörenden Bahnhöfen und Gebäuden. Wir hatten das Gefühl in einer Zeitmaschine zu sitzen, die uns in die viktorianische Vergangenheit zurück zu reisen ließ.

Torquay vervollständigte das Bild. Das Bahnhofsgebäude erschien gleich einer Filmkulisse perfekt. Ich wäre überhaupt nicht erstaunt gewesen, wenn Mr. Stringer mit zwei Pferden und seiner kleinen Chaise , vor dem Bahnhof auf Miss Marple gewartet hätte, die gerade mit dem 16.50 Zug ab Paddington, aus London angekommen wäre.

Wir wurden in Torquay erwartet. Am Bahnhof stand eine freundliche blonde Dame und winkte fröhlich. Mrs. Colktair rief uns in perfektem Deutsch zu, „hierher bitte, Familie Somberg". Sie begrüßte uns und wir folgten ihr zu ihrem kleinen Auto. Unser Gepäck wurde verstaut und los ging es in eine typische Doppelreihenhaussiedlung. Mr. Colktair stand im Türrahmen und als er uns kommen sah, trat er auf den Gehsteig um beim Auspacken der Gepäckstücke zu helfen. Wir bekamen jeder ein schönes, wenn auch sehr kleines Zimmer, im ersten Stock. Das Badezimmer befand sich auf dem Flur und wurde von den Gästen der vier Pensionszimmer gemeinsam benutzt. Der zweite Stock war den Gastgebern vorbehalten. Viel Platz hatten sie sicher auch nicht, aber es blieb ihnen ein kleiner privater Rückzugsort. Im Erdgeschoss trafen sich alle Bewohner zu den Mahlzeiten. Ein gemütlicher Frühstücksraum bot morgens Platz für die Gäste und das Full English Breakfirst, mit Eiern, Speck, Würsten, Tomaten und Bohnen schmeckte herrlich. Der Raum wurde nachmittags zum Tearoom in dem Tee und Sandwichses, neben kleinen Kuchen angeboten wurden und am Abend zum Salon. Wenn der Hausherr das Kaminfeuer angezündet hatte, saßen Gäste und Gastgeber wie in einem Wohnzimmer hier zusammen. Man erfuhr, dass die Hausfrau eine Deutsche ist, die ihren Ehemann Anfang der 50 Jahre, also schon kurz nach dem verheerenden zweiten Weltkrieg in Berlin kennen und lieben gelernt hatte. Helga und Lesley, so hießen unsere Gastgeber, heirateten in Berlin. Trotz aller Widerstände von der einen Seite gegenüber einer Deutschen und von der anderen Seite gegen einen britischen

Besatzungssoldaten. Das junge Paar zog nach England, nach Torquay der Heimatstadt des Bräutigams. Für Helga begannen schwere Jahre, zu frisch lastete die Vergangenheit auf den Menschen. Die Briten waren sehr arm und auch zehn Jahre nach dem Krieg noch von Mangel und Zwangszuteilungen gebeutelt. Man ließ Helga nicht vergessen, dass Deutschland dafür voll verantwortlich sei und somit sie als Deutsche ebenfalls. Das Paar bekam zwei Söhne und Helga wurde nach und nach in der Schulalltag der beiden Jungen eingebunden,. Mit der Zeit gewöhnte man sich an die Fremde und lernte sie als liebevolle Mutter und gute und zuverlässige Nachbarin kennen und schätzen. Als wir Mitte 1986 Torquay besuchten, war Helga schon lange Mitglied des Torquayer Stadtparlamentes und in verschiedenen Bürgergruppen aktiv. Sie liebte ihre Stadt und kannte die Umgebung wie ihre Westentasche. Jeden Abend beim Beisammensein sprach sie neue Ziele und kleine Event an, die dem Besucher Cornwall und Devon nahebrachten.

Dartmoor und die weiße Frau

Wir waren zu dieser Zeit fünf Gäste im Haus. Neben Uwe und mir, noch ein Ehepaar aus London und einem jungen Mann, der eigentlich zum Surfen an das Meer gekommen war. Aber das Wetter war den Surfern nicht wohl gesonnen und so schloss er sich uns an. Helga organisierte einen kleinen Bus und wir besuchten für kleines Geld, unter anderem auch das vielbeschriebene, unheimliche Dartmoor. Neben der Besichtigung der kleinen Dörfer im Moor, mit ihren Pubs in denen schaurige Geschichten erzählt wurden und des alten Gefängnis Dartmoor Prison, für Krimifans ein Muss, wanderten wir auch durch die moorige Heide. Wir ließen den Bus abseits stehen und streiften umher und sammelten dort unter Helgas kundiger Führung, Pfifferlinge und Blaubeeren die es am nächsten Tag in reichlicher Menge, als Pfannkuchen verarbeitet, zum Frühstück gab.

Auf dem Rückweg der Wanderung durch das Dartmoor überraschte uns ein heftiger Regenschauer.

„ Auf geht's", rief Helga und wies mit der Hand in Richtung einer kleinen Anhöhe auf der ein Haus stand. Es gelang uns das einsame, mit wildem Wein fast völlig zugewachsene kleine Haus zu erreichen. Doch schade das kleine Teehaus, darum handelte es sich nämlich, hatte geschlossen. Helga ging um das Haus herum und pochte an eine Tür. Eine nette Dame öffnete uns doch noch die Tür und wir betraten den kleinen mit alten englischen Möbeln ausgestatteten Raum. Es war kühl im Haus. Die Besitzerin des Teehauses entschuldigte sich, sie habe geschlossen und darum sei auch keine Heizung im Teeraum an. Damit wir aber wieder warm und trocken würden entzündete sie im Kamin ein Torffeuer. Es dauerte nicht lange und der Raum war von wohliger Wärme erfüllt. Der Regen prasselte an die kleinen Fenster und wir fühlten uns sehr wohl und geborgen. Helga kannte die

Besitzerin des kleinen Teehauses gut und so wurden kurze Zeit später Kannen mit hervorragenden Tee auf die Tische gestellt. Frischer Kuchen konnte leider nicht angeboten werden, aber frische Scons kamen schnell aus dem Ofen, Himbeermarmelade konnte ebenfalls möglich gemacht werden. Hier genoss ich zum ersten Mal eine Spezialität die ich bei allen weiteren Besuchen in GB immer wieder gesucht und manchmal sogar, leider nie in dieser Qualität, gefunden habe, Chornische Clotted Cream. Ein Sahnerahm der so gut schmeckt, dass man süchtig werden könnte. Er wird fingerdick auf die frischen Scons gestrichen und obenauf noch mit der Marmelade gekrönt. Wir ließen es uns bei dieser Köstlichkeit gut gehen und Helga erzählte uns die Geschichte des kleinen Hauses. In früherer Zeit wohnte dort eine junge Frau, sie war die Geliebte des Gutsherren der Grafschaft und dieser hatte das kleine Anwesen als Liebesnest gekauft. Hier lebte sie schon einige Jahre mit ihrem kleinen Sohn. Doch der Gutsherr ließ sich bald kaum noch blicken, er hatte sich einer neuen Liebe zugewandt. Als der Junge in einer Winternacht schwer erkrankte, wusste seine Mutter sich keinen anderen Rat, als in der Nacht über das Moor zu gehen und Hilfe zu holen. Sie schaffte es bis zum Dorf und die Bauern brachen sofort auf, aber sie kamen zu spät das Kind war bereits gestorben. Die Mutter lief in ihre Verzweiflung in das Moor und kam nie zurück. In klaren Winternächten hört man manchmal das leise, flüchtige Wimmern eines Kindes und die Mutter schwebt, in ein weißes Gewand gehüllt, über das Moor und betritt in das Haus und das Wimmern hört sofort auf. Helga hat uns geschworen, sie habe die weiße Frau schon mit eigenen Augen gesehen.

Als der Regen aufgehörte hatte, halfen wir alle mit den kleinen Teeraum wieder in Ordnung zu bringen, beim Bezahlen bedankten wir uns herzlich für die gastfreundliche Bewirtung. Mittlerweile war es später Nachmittag und es dunkelte. Wir stiefelten zurück zu unserem Kleinbus und fuhren über das graue, unheimliche Moor zurück in die Stadt.

Tierauktion.

Einen Tiermarkt mit Auktion haben wir in Devon ebenfalls besucht. Aus der ganzen Region wurden dort Schafe, Kühe und Pferde in großer Zahl gekauft und verkauft. Wir versuchten dort dem Auktionator, der in einer Art Singsang die Auktion leitete, sprachlich zu folgen. Eine vergebene Mühe, wir haben kein Wort verstanden. Die Käufe gehen mit Handzeichen und kurz gerufenen Befehlen so blitzschnell vonstatten, dass kein Außenstehender dem Kauf oder Verkauf folgen kann.

Neben den Tieren stand allerhand Krimskrams zum Verkauf. Das größte Angebot war bei den Gummistiefeln zu finden. Ich habe mir schnell ein paar sehr gute Stiefel, die ich heute noch habe, gekauft. Diese waren bitter nötig, kamen aber leider zu spät. Uwe und ich haben unsere eigenen Schuhe nach dem Besuch des Marktes weg geworfen, der Matsch und Mistgeruch wollte einfach nicht wieder verfliegen.

Helga hatte uns vorher eindringlich gebeten, wenn möglich während der Versteigerung nicht mit den Händen herum zu wedeln oder dem Nachbarn zuzuwinken. Schnell könnte es uns so gehen wie einem jungen Paar aus Deutschland das bei den Colktails zu Gast war und mit vier lebenden Hühnern vom Markt heimkam. Lesley konnte jemanden finden der die Tiere schlachtete und so wurden die Hühner auf dem Gartengrill knusprig gegart und gemeinsam mit den anderen Gästen verputzt.

Die vierzehn Tage in Cornwall verflogen wie im Wind. Gern würde ich die Chornische Küste wiedersehen.

Im Reisebus über den Großglockner

1967

In meiner frühen Jugend waren Urlaubsreisen in meinem Elternhaus kein großes Thema. Für meinen Vater waren solche Reisen ein unnötiger Luxus. Meine Mutter konnte sich nicht durchsetzen, obwohl sie sicher in ihrem Leben sehr gern mehr von der Welt gesehen hätte. Unsere einzige, große Reise in die benachbarten Niederlande war heißer, schöner Sommertag im Jahr 1959 den wir mit der Familie an der holländischen Nordsee-Küste in Zandvoort verbrachten. Eine Wiederholung gab es nicht.

Bis, ja bis eines schönen Tages ein Faltblatt auf unserem Küchentisch lag, dass für eine Reise nach Jugoslawien warb. Jugoslawien wo lag das nochmal? Ach ja neben Italien. Eine Mischung aus den verschiedensten Nationen. Nach dem Krieg zusammengewürfelt und zu einem Staat gemacht. Kommunismus soll dort herrschen. Da soll man jetzt hinreisen und seine Ferien verbringen? Ja, nach Italien wäre ich sehr gern mal gereist. Ein paar Mädchen aus meiner Klasse reisten schon seit Jahren jeden Sommer mit ihren Eltern in den Süden, nach Italien, Südfrankreich und Spanien und schwärmten natürlich nach den Sommerferien davon. Aber Jugoslawien könnte auch sehr schön sein, die Adria ist jedenfalls auf beiden Seiten dieselbe.

Das Faltblatt lag mit Geduld bei uns auf dem Tisch. Meine Mutter schaute hin und wieder hinein und bewunderte das in Azurblau leuchtende Meer. Die alten Häuser aus der österreichischen Kaiserzeit, die von Pinien und Tuja umgeben unter einer strahlenden Sonne und blauem Himmel, mundgerecht auf perfekte Fotografien gebannt waren. „Was meinst du Willy, sollten wir nicht auch mal eine Reise machen? Das hier ist gar nicht so teuer. Eine Werbefahrt der Firma Hallo Reisen aus Essen. Die wollen ins Busreisegeschäft einsteigen und bieten hier was Günstiges an". Ich kann mich an den Reisepreis nicht erinnern, aber er muss extrem günstig gewesen sein, sonst hätte meine Mutter es nicht angesprochen. Mein Vater reagierte erst gar nicht, dann machte er sich über die Reisepläne meiner Mutter lustig und degradierte das Angebot als Betrug, ganz so wie wir meinen Vater kannten. Aber an einem Samstagvormittag machte er sich allein auf nach Essen und sprach in dem Reisebüro vor und kam mit Reiseunterlagen zurück. Er habe sich sachkundig gemacht und die Chefin des Busunternehmens HALLO sei selbst im Büro gewesen und habe ihm die Reise erklärt. Er sei damit einverstanden, dass meine Mutter mit mir diese Reise antritt. Die Unterlagen müssen nur noch unterschrieben werden, er wollte das nicht ohne Rücksprache mit uns machen.

Warum er damit um die Ecke kam, weiß ich nicht. Ich weiß auch nicht was damals zwischen meinen Eltern vorgefallen ist. Aber es muss heftig gewesen, denn meine Mutter nahm das Angebot ohne Diskussion hin. Ich bin nicht mal mehr sicher, ob sie sich überhaupt so gefreut hat wie ich. Gesprochen wurde darüber nie. Jedenfalls machten meine

Mutter und ich uns eines Tages ganz früh auf und standen Jede mit einem gepackten, kleinen Koffer in Essen vor dem Reisebüro und warteten. Zehn weitere Leute warteten hier auf den Reisebus der uns nach Jugoslawien bringen sollte.

Er kam pünktlich, das Einsteigen ging zügig und nach zwei weiteren Haltestellen, in Oberhausen Duisburg, bog unser Bus auf die Autobahn A2, kurze Zeit später auf die A3. Bis heute unsere Autobahn in den Süden. Die Nachtfahrt war nicht sehr bequem , aber ich war jung und die Zeit verging schneller als ich dachte.

Als es hell wurde und die Sonne einen schönen Tag verhieß, war eine wichtige Etappe geschafft. Wir waren in Bayern kurz vor der österreichischen Grenze. Nach einem Frühstück auf einer Raststätte ging es weiter Richtung Salzburg. Grenzen in Europa waren damals tatsächlich Grenzen. Pass- und Zollkontrolle gestalteten sich umständlich und langwierig und wir so kamen erst mittags in der Mozartstadt an. Wir fuhren mitten durch die Stadt und sahen die Burg auf dem Hügel und die Gassen mit den kleinen Geschäften. Salzburg war immer touristisch und im Jahr 1967 war es hier schon sehr geschäftig, aber noch nicht überlaufen. Nicht jeder konnte sich ein Auto leisten und der Straßenverkehr zeigte sich noch erträglich. Unser Bus fuhr durch enge Straßen, die noch keine Fußgängerzonen waren in denen Schaulustige aus der ganzen Welt durchgeschoben werden, und kein Einheimischer mehr einen Fuß hineinsetzt.

Das Salzburger Land mit seinen Seen und üppiger Landschaft lag da in der Spätsommersonne, dunkelgrün und hellbraun. Vorbei ging die Fahrt an den weißen Häusern mit braunen geschnitzten Holzdächern im bayrischen und österreichischen Stil. Auf den Balkonen, die rum um die Fassade führten hingen Blumenkästen, gefüllt mit prächtigen wuchernden Begonien und anderen Balkonpflanzen. Diese Häuser kannte ich aus den Heimatfilmen, die meine Mutter so gern in Fernsehen ansah. Die ganze Familie hat mitgeschaut, denn es gab sowieso nur ein und später zwei Fernsehprogramme.

Ich war noch nie so weit gereist und sog alles Erdenkliche von diesen wunderbaren Anblicken auf, was immer ich durch die Fensterscheibe des Busses auch nur erhaschen konnte.

Von jetzt auf gleich erfasst mich eine sehr schwere Infektion, eine Infektion die bis heute noch nicht vollständig ausgeheilt ist. Fernweh mit starkem Reisefieber, nennt man diese Infektion. Sie hatte mich so stark gepackt und ich schwor, ich würde sie bezwingen und so viel von dieser schönen Welt ansehen wie nur irgend möglich. Obwohl ich mir in diesem Momentschon zum ersten Mal absolut sicher war, dass ich eine so weite Reise wie diese so schnell kein zweites Mal machen würde.

Die Fahrt ging weiter über das Großglockner Massiv. Die Großglocknerhochalpenstraße die seit ihrer Eröffnung im Jahre 1935 Jahren durch die Hohen Tauern führt und den Blick auf atemberaubende Landschaften und auf den höchsten Berg Österreichs freigibt. Der Johannisberg ist der höchste Berg Österreichs und ragt bis 3798m auf. Unterhalb des Johannis liegt der größte Gletscher der Ostalpen, die Pasterze. Der Gletscher schmilzt dahin. Seit meinem Besuch hat das Eis um fast einen Drittel Volumens abgenommen .Aber in diesem Sommer 67 waren das Gefühl und die Sorge für Umwelt und das Klima nicht oder noch nicht stark ausgeprägt. Es lag im Spätsommer, noch oder schon wieder, Schnee vor der winzigen Jausen Station auf der Franz-Josef-Höhe in der wir Rast machten und uns dem Panorama hingaben. Zum ersten Mal im Hochgebirge. Es war kalt und die Sonne wurde von einer feuchten Wolke verhüllt, die Sicht aber war frei und so blieb mir der erschreckende Anblick des Bergmassivs, mit seinen steilen und tiefabfallenden Felswänden nicht erspart. Die Seilbahn hinab zum Gletscher gab es schon, aber wir haben sie nicht genutzt. In meinem ganzen Leben zog es mich an das Meer und ich habe mit den Gebirgen der Welt, obwohl ich doch einige besuchte, keine wirkliche Freundschaft geschlossen.

Meine Mutter sah das anders, sie die nicht wie ich immer von Höhenangst geplagt war, turnte also auch hier wie ein halbes Jahrhundert später bei unserer gemeinsamen Reise nach Korsika, mit ihrer Zigarette in der Hand, am Felsenrand herum beugte sich weit vor und konnte sich nicht sattsehen an den tiefen, unergründlichen und in keinerlei Weise gesicherten Schluchten. Sie trug dabei ein enges blaugrünes Sommerkleid mit einem kleinen Kragen und flache Sandalen an den nackten Füßen. Wie ich sie vermisse.

Vom Großglockner Massiv war es nicht mehr weit bis Udine. Wir waren in Italien.

Italien eine Verheißung die von Caterina Valentes und Rudi Schurikes Schlagern, wie - *Komm ein bisschen mit nach Italien oder Wenn bei Capri die rote Sonne im Meer versinkt-*, geprägt war. Aber auch von den

Schulkameradinnen, die mit ihren Eltern schon ein paar Jahre lang mit dem Campingwagen regelmäßig, in Rimini oder Riccione, ihre Ferien verbracht hatten. Teutonengrill hießen diese Orte damals schon. Italien stand bei mir viele Jahre eher auf der hinteren Liste, bis es mich vor ein paar Jahren nach Rom zog und ich mich in diese Stadt verliebte.

Aber so weit ist noch nicht. Udine war auch eher unspektakulär. Aber in Udine fuhren wir auf eine ganz neue Autobahn, die Autostrada A23 auch Alp-Adria genannt, 1966 gebaut und mit einer Maut belegt. Unser Bus hielt an einem Kassenhäuschen und ein Herr in schwarzer Uniform und weißem Gürtel stieg zum Fahrer in den Bus. Der Busfahrer bezahlte die Maut und verabschiedete sich von den Herren mit einem kleinen Träger Bier.

Am Rosenhafen

Ab Triest aus führte unsere Reise weiter an der Adriaküste entlang. Kleine Hafenstädtchen mit dem Flair der K&K Monarchie. Schon zum Ende des 19. Jahrhundert gab es hier an der Küste regen Badebetrieb. Das milde Klima gepaart mit einer üppige Vegetation, das Meer und der Strand, alles in allem ein herrliche Orte zum Kuren. Das kleine Hafenstädtchen Portoroz der Rosenhafen war bei der Kaiserin Sissi von Österreich sehr beliebt. Hierher kam sie zur Erholung. Im Hafen von Portoroz-Rosenhafen sollen auch immer frische Blumen besonders Rosen für die Kaiserin angeliefert worden sein.

Uns begrüßt ein kleines Hafenstädtchen mit hübschen Häuschen rund um den kleinen Hafen. Der verblichene Charme hätte dringend einer Politur bedurft. Wir trinken Kaffee und essen ein Eis in einer der wenigen Tavernen und zahlen einen erstaunlich niedrigen Preis für unsere Gedecke. Der Kellner ist nicht unfreundlich, aber langsam und gleichgültig. Die Taverne wird staatlich betrieben, wie alle Betrieb in Jugoslawien. Ob das Personal schnell und freundlich oder langsam und gleichgültig ist spielt keine Rolle. Egal wie viele Gäste kommen, mehr verdienen tut hier niemand. Staatschef Tito möchte an alte Zeiten, an die Bäderkultur und Sommerfrische anknüpfen und öffnet das Land vorsichtig für ausländische Touristen. Noch ist hier alles sozialistisch geprägt. Für uns, wir sind ja auch Urlaubsneulinge sind, ist es ein Paradies. Wir sitzen am Meer, wo einst Kaiser und Könige kurten und genießen die Aussicht, die Sonne, blauen Himmel und die Blumen die überall blühen.

Am Hafen gab es, neben den Fischverkäufern und den kleinen Läden mit den Angeboten für den täglichen Bedarf auch eine kleine Taverne. Wir setzen uns unter einen der bunten Sonnenschirme, ich bekam ein Eis. Mutter trank dort einen Espresso. Wir fühlten uns wie in einem Hollywood Film.

Leider war die Zeit viel zu knapp, es schon ging weiter die schmale Küstenstraße südwärts. Das blaue Meer begleitete uns vorbei an den kleinen Städtchen Umag, Porec, Rovinj und die Stadt Pula.

Glasklares Wasser und Felsenstrand

Pula ist eine alte römische Stadt auf der Halbinsel Istrien, sie hatte zum Zeitpunkt meiner Reise ca. 45000 Einwohner. Pulas und Istriens wechselvolle Geschichte erkennt man auch in der Architektur. Ein gut erhaltenes Amphitheater, Reste eine Triumphbogens und eines Augustustempels aus der Zeit als die Stadt Pula noch zum römischen Reich gehörte. Dann ging es an Venedig später an Österreich und nach dem ersten Weltkrieg gehörte es zu Italien. Seit 1947 ist Istrien Teil der Sozialistischen Bundesrepublik Jugoslawien.

Jugoslawien ist seit 1945 der Zusammenschluss der Republiken Serbien, Kroatien, Slowenien, Bosnien und Herzegowina, Montenegro, Makedonien und zwei autonomen serbischen Provinzen.

Pula gefiel uns, es hatte eine schöne Innenstadt mit einem großen Blumen und

Gemüsemarkt. Dieser Markt war leicht zu finden, er öffnete sich an den Resten des römischen Triumphbogens und breitete sich in den Straßen aus. Meine Mutter kam mit einer Händlerin, einer alten Dame die hier Obst feilbot, in ein Verkaufsgespräch. Die Händlerin war ganz in schwarz gekleidet, schwarzes Kleid, darüber trug eine schwarzes Stricktuch, das über der Brust gekreuzt war. Ein schwarze Kopftuch, das um den Kopf gewunden war, ließ nur ihr Gesicht, einen kleine Teil ihrer ergrauten Haare und die Ohren frei. Meine Mama wählte Weintrauben und Äpfel aus. Die Marktfrau drehte geschickt eine Zeitungsseite um ihre Hand und formte daraus eine Tüte. Das Obst wurde in einer Handwaage abgewogen und in der Zeitungstüte verpackt. Mama bezahlte und der Handel war gelaufen. Das Obst war köstlich.

Unser Hotel lag auf der Halbinsel Verudela, nur wenige Kilometer von Pula entfernt. Es war ganz neu erbaut und wir waren die ersten Gäste in diesem Hotel, übrigens damals das Einige auf der ganzen Halbinsel. Wir waren sehr beeindruckt von unserem modernen, großen Zimmer, mit eigenem Bad und einem schönen Balkon. So komfortabel reisten in diesen Jahren nur die Wenigsten und die waren meist gut Betucht. Jeder Balkon hatte Meerblick und wir saßen bis in den spätem Abend in der lauen Luft und blickten auf das tiefblaue Wasser der Adria. Direkt vor der Küste lag die kleinen Insel Brioni (heute Brijuni). Durch starke Malaria Ausbrüche und die dazu gehörigen Mückenplagen, galt sie als unbewohnbar. Erst zum Ende des 19ten Jahrhunderts kaufte ein österreichischer Geschäftsmann das Eiland und bot dem Mediziner Robert Koch an, auf der Insel seine Forschung zur Malariabekämpfung durchzuführen. Es gelang die Insel malariafrei zu bekommen. Der Besitzer investierte in Infrastruktur und wandelte sie in ein Ferienparadies um. Hier konnte geritten, Polo und Tennis gespielt oder einfach nur das Leben genossen werden. der K&K Jetset hatte Brioni entdeckt und eingenommen.

Ab 1947 diente sie dem Staats- und Parteichef Tito als Residenz. Viele der alten Gebäude wurden abgerissen und neue gebaut. Streng abgeschirmt, verbrachte Tito hier seine Ferien und empfing Staatsgäste. Gewöhnliche Menschen hatten keinen Zutritt. Bis 1980 nach dem Tod Titos, die gesamte Insel zum Nationalpark wurde.

1967 konnten wir nur staunend hinüber sehen, besuchen durften wir die Insel nicht. Aber im Meer baden durften wir nicht nur, wir taten es auch. Kroatien hat keine Sandstrand sondern eine felsige Steilküste. Von den Felsen schaute man in kristallklares Wasser auf kleine Korallenbänke. Das Wasser war kühl, aber ungeheuer erfrischend. Mein Mutti und ich knüpften Kontakte zu unseren Mitreisenden, Zwei alleinstehende Herren um die sechzig und zwei ebenfalls alleistehende Damen in gleichem Alter. Die Vier genossen ihren Ruhestand und freuten sich, auch im Alter endlich die Welt bereisen zu dürfen. Die Herren hatten das Zimmer neben dem unsrigen und jeden Morgen schmetterte einer der Beiden im Bad einen Gassenhauer aus seiner Jugend, immer denselben, *„Veronika der Lenz ist da"*. Wir trafen uns regelmäßig gemeinsam im Restaurant und die alten Herrschaften waren sehr großzügig und mal spendierten sie mir ein Eis oder eine Brause und erzählten aus ihrer Jugend. Ich denke gern an die Vier zurück.

Wenn die Sonne sich anschickte unter zu gehen, saß ich auf der Klippe und konnte mich nicht sattsehen an dem azurblauen Meer, dem klaren Wasser, den wolkenlosen Himmel. Ich schaute in die Ferne zum Horizont und konnte mein Glück kaum fassen. Es war einfach unfassbar für mich dort zu sein. Ich hatte es mir im Traum nicht denken können, dass ich einmal eine so weite Reise in die Welt, ins Ausland, unternehmen würde. Ich war mir absolut sicher, dass ich eine solche Reise kein zweites Mal würde erleben, wenn doch? Ich würde lange warten müssen.

Aber ich hatte mich getäuscht.

Wo kommst du her? Ost oder West

1977

In den siebziger Jahren des vorigen Jahrhunderts erschien der eiserne Vorhang zwischen den sogenannten Ostblockstaaten und dem demokratischen West auf den politischen Ebenen undurchdringlich und fest verschlossen. Auf den unteren Ebenen erwies sich das Eisen sehr viele weicher und Staaten wie Bulgarien, Rumänien, Ungarn und andere wussten ihr Potential an Strand, Sonne und günstige Preise sehr gut zu nutzen. Viele Westdeutsche fuhren in diesen Jahren gen Osten, um mit ihrer harten Währung der DM dort preiswerten Urlaub zu verbringen. Das Angebot war je nach Land unterschiedlich. In Bulgarien z.B. kamen die Besucher voll auf ihre Kosten, was die Sonne und Strand betraf, das konnte man hier voll genießen. Oder man wollte sich mit den Familienangehörigen aus der DDR treffen? Kein Problem, für den Westler. Für die Ost Verwandtschaft schon eher. Für sie gab es keine freie Hotelwahl und das Essen und die Essenzeiten fest vorgegeben. Es vor, dass Ost Gäste ein Restaurant oder Hotel verlassen mussten, um einem mit Devisen ausgestatten Westdeutschen Platz zu machen. Die Teilung Deutschlands war auf beiden Seiten so zur Normalität geworden, dass es vielen reichte mit der Verwandtschaft einmal im Jahr für ein paar Ferientage am Sonnen- und Goldstrand oder in den rumänischen Karpaten beim Wintersport zu verbringen und dann wieder auf beiden Seiten der Zonengrenze in sein gewohntes Leben zurückzukehren . Über die politischen Verhältnisse, Diktatoren, Geheimdienste und Gefängnis, Folter und Tod machten wir uns leider in diesen Jahren viel zu wenig bis gar keine Gedanken. Wir hätten es wissen können und ich kann und will mich auch nicht heraus reden, wir hätten es ja nicht gewusst.

Wir sind einfach hin gefahren.

Mit „Sicherheit" ins Hotel

1978

Für uns war nicht die Familie der Punkt in den Osten zu fahren, sondern neben den günstigen Preisen auch das vermeintlichen Abenteuer, dass uns erwarten könnten. Im Jahr zuvor hatten wir unsere Ferien am Sonnenstrand verbracht, unser fünfjähriger Sohn fühlte sich ausgesprochen wohl an dem Strand mit dem pudergelben Sand, dem sauberen flachen Wasser und den Spielmöglichkeiten, die hier für Kinder in seinem Alter angeboten wurden. Ansonsten war das das Ganze eher eine Enttäuschung. Ein Jahr später waren wir uns aber sicher, dass Bulgarien doch sehr viel investieren müsse um uns noch einmal als Gäste begrüßen zu dürfen. Wir hatten aber gehört, dass Rumänien schon sehr viel weiter sei und von vielen wurde uns geraten, doch einmal nach Siebenbürgen in die Karpaten zu fahren. Siebenbürgen mit der Hauptstadt Herrmannstadt jetzt Sibiu oder Kronstadt jetzt Brasov genannt, waren einmal Provinz im Kaiserreich Österreich Ungarn, in der auch die Minderheit der Siebenbürger Sachsen seit dem 13. Jahrhundert, mit ihrer eigen Sprache und Kultur, lebten. Diese Volksgruppe stammte ursprünglich aus dem deutschsprachigen Raum aus Baden oder Württemberg, man nannte sie Sachsen vermutlich nach dem lateinischen Saxon, ein Begriff der für alle Siedler aus dem deutschsprachigen Raum benutzt wurde. Die Siebenbürger Sachsen schlossen sich nach dem ersten Weltkrieg, mit anderen Provinzen, nachdem man ihnen großzügige Minderheitenrechte versprochen hatte, an Rumänien an. Im Laufe des 20. Jahrhundert schränkte die rumänische Staatsregierung die Minderheitenrechte der Siebenbürger Sachsen, sowie aller anderen Minderheiten im Land stark ein. Viele verließen danach das Land, um als deutschstämmige Menschen in Deutschland eine neue, alte Heimat zu finden. Im unserem Reisejahr betrug die Zahl der Sachsen noch 4,6 % der Gesamtbevölkerung im Jahr 2011 waren es nur noch 0,4%.

Wir wollten nach Brasov und von hier aus Exkursionen ins Gebirge, zu den noch frei lebenden Bären zu unternehmen. Auch das Schloss Bran in der Nähe von Brasov würde eine Reise wert sein.

Individualreisen in den Osten hat schon gegeben, aber die meisten Touristen, so wie wir buchten eine Pauschalreise. Der Flug ging bis Bukarest. Hier würden wir übernachten und am nächsten Morgen mit dem Bus durch Transsilvanien zu unserem Hotel in Brasov gefahren werden.

Der Flug war unspektakulär. Die Kontrollen bezogen sich auf gültige Ausweispapiere und evtl. verbotene Gegenstände wie Landeswährung und Westzeitungen. Uns erschienen diese Kontrollen als besonders scharf, wir wussten noch nicht viel vom Drogenhandel. Auch nichts von Flugzeug Terrorismus oder Billigfliegern, die Jahre später für Jedermann erschwinglich, wie enge vollgepackte Kaninchenkästen, die Welt umrunden. Aber wir wollten ja immerhin auch ins kommunistische Ausland und da hieß es auch aufpassen.

Der Flughafen Bukarest war ein schon abgewohntes, schmuddeliges, flaches Gebäude mit nur einer Halle. Diese Halle war durch Absperrbänder in zwei Segmente, Ankunft und Abflug, getrennt. Vorbei an einem starken Aufgebot an Militär traten wir in die Halle. In diesem Ankunft Bereich öffnete sich gerade ein Rollo und gab den Blick auf einen kleinen Kiosk frei in dem eine ältere Frau neben Süßigkeiten und Getränken, auch billige Souvenirs anbot. Zwei Flugzeuge waren gerade an diesem Abend angekommen und die Passagiere hatten gerade das Gepäck von dem einzigen Fließband genommen und suchten nun, unter den strengen Augen der Soldaten nach ihren Reiseleitern, um so schnell als möglich diesen Ort zu verlassen.

Wir wurden durch einen jungen Mann, der sich als Mitarbeiter unseres Reiseunternehmens zu erkenn gab zurückgehalten und gebeten auf den Plastikstühlen Platz zu nehmen. Unser Bus verspäte sich um eine halbe Stunde, aber alles sei in Ordnung.

Wie oft auf Reisen war mir die Aufregung auf die Blase geschlagen und ich suchte nach einer Toilette. Auf keinen Fall wollte ich hier den Anschluss verlieren und versicherte mich bei unserem Reiseleiter, ob ich kurz die Gruppe verlassen könnte. Ja, gar kein Problem, wir hätten genug Zeit und er würde darauf achten, dass die Fahrt nicht ohne mich weitergehen würde. Ich gab meinem Ehemann, der sich mit anderen Reisenden bereits hingesetzt hatte, einen kurzen Hinweis sich um unseren damals achtjährigen Jungen zu kümmern und suchte die Waschräume auf.

Keine sechs Minuten dauerte meine Abwesenheit. Als ich aber in die Halle zurückkam, traf mich ein Schlag, in der Halle war, bis auf zwölf Soldaten, niemand mehr anwesend. Die Dame im Kiosk ließ gerade mit einem lauten Krachen das Rollo in ihrem bereits dunklen Verkaufsraum herunter. Ihr Kopfnicken in Richtung der Soldaten sollte wohl heißen. Letzte Gelegenheit von hier weg zu kommen. Ich stand da und war sprachlos. Was sollte ich tun? Die Soldaten stellen für den Rückzug auf, es folgte ein Kommando und sie marschierten durch die Halle auf den kleinen Platz vor dem Ankunftsgebäude. Dort stand ein etwas klapperiger, offener Geländewagen auf dem nur zwei gegenüberliegende Bänke befestigt waren. die Soldaten stiegen auf und ließen sich auch den Bänken nieder, die Maschinengewehre klemmten sie zwischen die Beine. Außer den Kommandos wurde kein Wort gesprochen. Ich war der Gruppe nachgeeilt, denn im Flughafengebäude war mittlerweile das Licht ganz verlöscht, es war stockdunkel und kein Mensch mehr zu sehen. Was sollte ich tun, also sprach ich den Kommandant in meinem Schulenglisch an und hoffte er verstehe mich. Erst wurde ich ignoriert, aber dann drehte er sich zu mir um und antwortete in deutscher Sprache. Fräulein, hier ist keiner mehr, sie müssen bis morgen früh warten, dann kommt die nächste Maschine und auch ein Bus, der wird sie schon in die Stadt mitnehmen. Er könne nichts für mich tun. Mir rutschte das Herz in die Hose. Allein hier mitten in der Wildnis. Ich hätte eben aufpassen müssen und mich nicht einfach so von meiner Gruppe entfernen dürfen. Das macht man hier nicht. Jetzt müsse ich zusehen wie ich die Nacht überstehe. Er zuckte vage mit den Schultern. Ich war der Verzweiflung nahe. Als er mich so leiden sah, wies er mich an auf den Wagen zu steigen und mich zwischen die Soldaten zu setzen, man werde versuchen mich am richtigen Hotel abzuliefern. Was ich tat, lässt mir heute noch einen Schauer über den Rücken laufen. Ich stieg ohne nachzudenken auf den Wagen und quetschte mich zwischen die Männer.

Der klapperige Geländewagen bog von dem, wenn auch spärlich aber beleuchteten Vorplatz des Flughafens, auf eine Schotterstraße und die Dunkelheit verschlang uns. Erst jetzt wurde mir bewusst, was ich getan hatte. ich saß in einem wildfremden Land auf einem Wagen mit zwölf schwer bewaffneten Männern und holperte durch die rabenschwarze Nacht. Es war kein Haus, kein Licht kein Mensch und auch kein Tier zu sehen. Die Männer rührten sich nicht, sie sprachen nicht, nahmen keinerlei Notiz von mir, es war als sei ich gar nicht da. Ich hatte so große Angst, dass ich mich nicht mehr rühren konnte. Arme und Beine waren wie taub und mein Kopf hämmerte. Wie blöd konnte man nur sein. Jedes Mal wenn der Wagen sich verlangsamte, weil ein Schlagloch vor ihm lag, war mir sofort klar. Jetzt fahren sie auf einen Feldweg und dann.....? Wird man mich finden oder bliebe ich für immer verschwunden und niemand erführe was mit mir geschehen sei. Ich dachte an meine Familie und mein Kind, er würde niemals wissen was mit seiner Mutter passiert war und er würde mich vergessen. Ich weinte leise.

Dann gab plötzlich wieder eine Kommando und das Auto bog ab und führ auf einer

Asphaltstraße weiter in der Ferne sah man am Himmel das künstliche Licht einer Stadt. Häuser säumten unseren Weg. Menschen waren immer noch keine zu sehen, aber es wurde mir bewusst, dass wir auf dem Weg in die Innenstadt Bukarests waren. Ich weiß nicht wie viel später, denn ich hatte völlig das Zeitgefühl verloren, fuhren wir auf die Auffahrt eines typischen Plattenhochhauses und standen vor einem Hotel. Vor der Tür lief ein Mann auf und ab und sog panisch an seiner Zigarette. Das war doch mein Mann? Als er uns vorfahren sah, lief er auch das Fahrzeug zu und half mir, natürlich unter heftigen Vorwürfen, aus dem Wagen. Ich sagte gar nichts mehr. Ich war immer noch wie betäubt. Der Kommandant war ebenfalls ausgestiegen und sprach mit dem auch inzwischen herbei geeilten Reiseleiter etwas auf Rumänisch, dann zu uns auf Deutsch. „Da ist sie wieder gesund und munter, wir wollen ihr doch jetzt keine Vorwürfe mehr machen". Mein Mann Klaus hatte mich bereits mit Kugelschreibern, Feuerzeugen und anderem Westkrimskrams, ohne den man damals in den Staaten des „Ostblocks" weiterkam, „freigekauft". Das Militärfahrzeug entfernte sich und ich bekam erstmal einen Schnaps. Jetzt erfuhr ich, dass meine Fahrt kein Zufall war. Nachdem man mich vermisst hatte, informierte unser Reiseleiter die Polizei und die sorgte dafür, dass die Wachablösung mich aufpicken und in unsere Hotel bringen sollte. Alles war abgesprochen und die Polizei wusste immer wo ich mich befand. Heute weiß ich natürlich, dass in Diktaturen wie sie damals in gesamten Osten herrschten niemand einfach verschwand, außer es wurde durch die Staatsgewalt angeordnet.

Für meine weiteren Reisen, die fast immer allein unternahm, war es aber dieses Intermezzo ein Schlüsselerlebnis. Genau hinschauen, wem man vertraut und nicht. Niemals sofort zu folgen, der vermeintlich Hilfe anbietet. Nicht alle Menschen sind schlecht und nicht alle Menschen sind gut. Aufmerksamkeit und Bauchgefühl haben mich auf vielen Reisen sicher durch die Welt geführt.

Auf den Spuren der Wikinger

2014

Nach meinen Abenteuerreisen in die orientalische Welt des Nahen und des Fernen Osten und der Neuen Welt fand ich es zunehmend spannend mich auf dem europäischen Kontinent umzusehen.

Süd und Westeuropa, eine spannende Mischung aus alter und neuer Kultur, gutem Essen und politischer Vielfalt, hatte ich ja bereits bereist. Nur der Norden blieb noch ein weißer Fleck auf meiner Reiselandkarte.

Ich liebe das Meer und stellte fest, dass die Ostsee ein völlig unterschätztes Kleinod in Europa ist. Als ich das erste Mal dort war und dem faszinierenden Spiel des Lichts zwischen Himmel und Wasser zugesehen hatte, war ich verzaubert. Strahlend blauer Himmel und ruhiges blaues Wasser vermitteln, gemischt mit einer leichten warmen Sommerbriese, den Eindruck man sei an der Adria. Urplötzlich aber verändert sich die Welt. Dicke graue bis schwarze Wolken jagen über den Himmel, Das Wasser hebt und senkt sich immer schneller und aus der leichten, sich sanft und spielerisch über das Meer plätschernder Dünung werden zu immer höher steigenden gefährlichen Wellen, die aus dunklem Wasser aufsteigen und um dann in mehreren Meter Höhe donnernd brechen. Der sanfte Wellengang wird urplötzlichen zur heftigen Sturmgewalt, die den eben noch leichten Seegang aufpeitscht. Wasser und Himmel verschwimmen als grauschwarze Einheit und Wellenungetüme werden zur Bedrohung für Schiffe und Menschen. Das Meer verwandelt sich in eine lebensgefährliche Wasserhölle, gleichermaßen gefährlich für Fischer und Seefahrer. Viele Legenden und Märchen werden an den Ufern des Baltischen Meeres erzählt. Von Piraten, armen Fischern, reichen Städten die für ihrer Überheblichkeit und ihrer harten Herzen in den Fluten des Meeres versinken mussten. Seit meinem ersten Aufenthalt liebe ich nicht nur die Ostsee mit ihren ruhigen Stränden, ich liebe auch ihr grünes Hinterland, mit den alten Buchenwäldern und gelben Rapsfeldern. Die Städte an der Ostsee die alten Hansestädte sind unerschöpfliche Kulisse der Geschichte. Einige dieser Städte hatte ich schon besucht und bin durch die alten Straßen gegangen und habe mich von der der Pracht und der Ausstrahlung der Gebäude verzaubern lassen.

Rostock, Wismar, Stralsund um nur drei zu nennen.

Aber Schweden so dachte ich, ebenfalls geprägt von der Ostsee und den Wikingern, muss superschön sein. Wild und ursprünglich. -Pippi Langstumpf Land- mit ochsenblutrot gefärbten Holzhäusern. Boote in den Schären und Menschen die immer freundlich und sozial sind und jedem lächelnd gegenübertreten. Besonders im Sommer, wenn es den ganzen Tag immer hell ist und die Sonne auch in der Nacht noch am Himmel steht, dann muss das Leben doch fröhlich und ausgelassen in Straßen, Gärten Plätzen und am Strand gefeiert werden.

Der Juni 2014 sollte mein Mittsommermärchen werden. Mit dem Flieger anreisen wollte ich auf keinem Fall, dass erschien mir zu einfach zu profan und nicht abenteuerlich genug und ich wählte den Land und Seeweg.

Die Varusschlacht

Meine Reiseroute, hier kurz umrissen,- Dorsten-Travemünde-Malmö-Kristianstad-Trelleborg-Saßnitz-Dorsten, war Kilometer- und zeitmäßig nicht unbedingt eine große Herausforderung, sie ließ mir aber genügend Zeit für weitere interessante Erfahrungen. Der Weg ist bekanntlich das Ziel und so setzte ich schon auf der Hinfahrt in der Nähe der Stadt Kalkriese eine größere Pause an und besuchte das Feld der Varusschlacht. Varus und die Schlacht im Teutoburger Wald im Jahre 9 AD sind auch für uns Dorstener von besonderer Bedeutung, denn Varus und die besagten Legionen lagerten seinerzeit in Haltern am See und Dorsten. Von hier aus setzten sich die Legionen in Marsch. Auf dem Rückzug von einer Schlacht gerieten sie allerding sin einen Hinterhalt. Arminius ein Cherusker Prinz, als Kind von den Römern als Geisel nach Rom verschleppt, hatte sich vorgenommen die Römer zu besiegen und die römische Besatzung zu beenden. Das Kriegshandwerk hatte er daselbst in Rom erlernt. Wo genau die Schlacht stattfand, war lange ungeklärt und ist es auch bis heute noch nicht ganz sicher. Kalkriese hat gute Karten der Platz zu sein. Für mich erwies sich Kalkriese allerdings als Scheinriese. Unspektakulär die Landschaft, das Museumspädagogische Angebot eher überschaubar. Wer es genauer wissen will, die Stadt Haltern am See hat für alle Interessierten in Sachen Römer und Varusschlacht da insgesamt Einiges mehr zu bieten.

Lübecker Marzipan, Fähre nach Malmö

Also noch schnell Kaffee getrunken und weiter ging es.

Dier Autobahn A 1 zählt seit vielen Jahren zu den hochnotpeinlichen Bestrafungen für Autofahrer. Welche Vergehen hier geahndet werden, muss jeder für sich herausfinden. Von Osnabrück an schleicht der Reisende mit max.100kmh, besonders zur Sommerferienzeit, Stoßstange an Stoßstange in Richtung Hamburg.
Hat man die Strecke glücklich überwunden und setzt die Reise in östliche Richtung wird es bedeutend ruhiger auf der Bahn und Urlaubfreude entfaltet sich.

Lübeck, ein Muss für Architektur und Marzipanfreunde. Im zweiten Weltkrieg stark zerstört und wiederaufgebaut, vermittelt Lübeck mit seinen Giebel- und Bürgerhäusern, den Speichern und das Wahrzeichen der Stadt dem Holstentor, immer noch das Selbstbewusstsein und den Reichtum des Bürgertums. Die Stärke und den Stolz der Hanse, deren Hauptsitz sie lange war und ist, denn die Hanse wurde nie aufgelöst.

Herbert und Marzipan gehören irgendwie zusammen, er liebt dieses süße Zeug aus Mandeln, Zucker und Rosenwasser. Ich kann es nicht ausstehen. Aber ich liebe Herbert und so führt mich mein Weg, wenn ich hin und wieder mal in Lübeck bin auf jeden Fall in die Innenstadt zur Firma Niederegger. Hier wird laut glaubhafter Aussagen, das beste Marzipan der Welt hergestellt. Der Verkaufsraum ist wie ein Blick in das märchenhafte Schlaraffenland. Alles Erdenkliche kann und wird hier auch aus Marzipan gefertigt werden. Ich habe dort einmal die Nachbildung einer Hochzeitskutsche aus Marzipan gesehen, so groß das darin zwei Kinder sicher Platz gefunden hätten. Für Herbert wurden Marzipankartoffeln gekauft und weiter ging es in Richtung Travemünde.

Der Fähranleger liegt etwas außerhalb von Travemünde, ist aber relativ klein und leicht zu finden.
Ich war sehr früh vor Ort und stand allein in der Spur an der Abfertigung. Das erwies sich

bald für mich als großer Vorteil. Die Dame im Schalter war sehr freundlich und bat mich um meine Buchungsunterlagen, die waren schnell parat, und um meinen Pass oder Ausweis. Hatte ich auch, aber wo?? Ich konnte meinen Ausweis nicht mehr finden. Alle Taschen und Verstaumöglichkeiten in meinem Auto wurden von mir durchsucht, kein Ausweis. Die Dame im Schalter war erstaunlicherweise immer noch ruhig und freundlich. Eine Schlange gab es in der Spur auch noch nicht. Nein ohne Ausweis könne sie mich nicht einchecken lassen. Auch im vereinigten Europa sei eine Ausweispflicht unumgänglich. Dann würde meine Reise hier wohl enden. Ich überlegte, ob ich sofort nach Hause düsen oder meinem Urlaub in Mecklenburg verbringen sollte. Die Dame riet mir dann aber zurück nach Travemünde zu fahren, denn dort gebe es eine amtliche Stelle in der rund um die Uhr, vergesslichen und schlampigen Schlunzen wie mir, (sie hat es freundlicher formuliert) die nötigen Ausweispiere ausstellt werden können. Damit könne ich nach Schweden einreisen. Also wenden und die zehn Kilometer nach Travemünde Zentrum zurück. Auf der Hälfte des Weges wurde mir warm, ob es an der

Sonne oder meiner Aufregung gelegen hat, wer weiß. Ich hielt an um meine Fließjacke auszuziehen. Was war das jetzt, was drückte mich am Bauch? Meine Dokumententasche mit Ausweis, Kreditkarte etc. Ich hatte natürlich alles wohlgesichert am Körper verwahrt. Zurück zum Anleger, ein erstaunter Blick aus dem Mauthäuschen, „na das ging ja schnell? Doch alles da? Na ja noch mal Glück gehabt". Es war mittlerweile 20.00 Uhr noch zwei Stunden bis zur Abfahrt. Diese verbrachte ich sehr gemütlich auf der Rückbank meines Autos liegend und ein Hörbuch hörend.

Die Überfahrt nach Malmö verging (wie) im Schlaf. 22.00 Uhr ablegen der Fähre um 23.00Uhr lag ich Bett und schlief tief und fest bis 6.00Uhr durch. 7.00Uhr Ankunft und ausschiffen.

Winter an einem Sommertag

Ich war in Schweden angekommen. Der erste Eindruck ernüchternd. Der Hafen von Malmö, eine riesige Baustelle durch die man sich mit dem Auto wuseln musste. Meine Stimmung war auf dem Nullpunkt. Ich hatte viel zu lange geschlafen um noch auf der Fähre zu frühstücken. Und hier? Kein Wald, keine netten Holzhäuser. Schmutz, Lärm und Hochhäuser. Erst mal weg aus Malmö. Nach einer halben Stunde fand ich ein Café, dass ein richtig leckeres Frühstück und viel Kaffee anbot und die Welt sah schon viel besser aus. Ich musste feststellen, dass mein Zielort Kristianstad gar nicht so weit von Malmö entfernt war. Wie alles in Südschweden nicht weit voneinander entfernt ist. Ich hatte also noch viel Zeit, denn mein Hotelzimmer stand ab 14.00Uhr für mich bereit. Gebucht hatte ich, wie ich das seit einiger Zeit immer tue, über ein Internetportal. Annas Hotell in Kristianstad. Ein historisches altes schwedisches Sommerhaus, erbaut in der Mitte des 19. Jahrhunderts. Ein gelbes Holzhaus mit einem Balkon über der geschnitzten Eingangstür. Hinter dem Haus ein schöner Garten. Aber ich hatte noch Zeit und beschloss die Zeit zu nutzen und schon einmal ein paar Punkte aus meinem Reiseführer anzuschauen. Der Ringsjön ein See in Skane lag direkt auf meinem Weg und ich hielt dort um eine Pause einzulegen. Zum erstmal hatte ich das Gefühl schwedische Landschaft zu erahnen. Das Seeufer mit dem ruhigen dunklen Wasser, weite grüne Landschaft die an den Himmel zu stoßen schien. Kleine Wäldchen inmitten flacher, weiter Felder und unzähligen Mücken die sich unverzüglich auf mich stürzten. Zum Glück war meine Kleidung geschlossen und bedeckten die Haut, so mussten sich die Mücken unverrichteter Dingen davon machen. Ich hatte gerade mein, unterwegs gekauftes, Mittagspicknick gegessen und wollte weiter fahren, als sich das Wetter veränderte. Es wurde merklich kalt und der Himmel zeigte eine undurchdringliche graue Farbe, die sich am Horizont nach Westen zum Landesinneren hin tiefschwarz veränderte. Erste Blitze zuckten aus dem Tiefschwarz der Wolken.

Mir fiel plötzlich auf, dass mir überhaupt noch kein Mensch begegnet war und auch kein Vogel mehr sang, um mich herum nur noch eine graue Welt war. Ich bin kein Angsthase, aber diese Situation hatte etwas so Bedrohliches angenommen, dass ich in mein Auto stieg und versuchte in Richtung Osten zu fahren, denn dort über dem Meer sah der Himmel, obwohl in weiter Ferne, aber doch hell aus. Ich schaffte es bis in die Nähe des Ortes Mörrum, dann brach ein Sturm los wie ich ihn noch nie jemals erlebt habe. Der Himmel war jetzt schwarz, die Umgebung nicht mehr zu erkennen. Es schüttete, als wäre im Himmel ein Damm gebrochen. Helle Blitze und ohrenbetäubender Donner die sich ohne Unterbrechung abwechselten. Der Feldweg auf dem ich mich befand war zu einer Wasserfläche geworden. Ich hatte am Rande eines Wäldchens Schutz gesucht, da ich befürchtete durch den Regen würden meine Scheiben zerplatzen. Aber nur kurz, denn Sturm und Wasser zerrten und prasselten so heftig, dass die Gefahr bestand im Schlamm des Feldwegs stecken zu bleiben und hier kaum mit schneller Hilfe zu rechnen war. Ich wollte auch nicht unbedingt Schäden an meinem neuen Auto riskieren. Da die Ortschaft Mörrum nicht so weit entfernt schien, verließ ich langsam und vorsichtig das Feld und schaffte es bis zu einer Siedlung am Rand des Ortes. Hier brach das Unwetter erst richtig los. Golfball große Hagelkörner prasselten wie aus dem schwarzen Nichts, mit einem heftigen Lärm, auf die Straße und mein Auto nieder. Es war ein Glück im Auto zu sitzen, obwohl ich etwas traurig wurde, denn mein Auto war doch erst ein Jahr alt und es sah jetzt so aus, als würde es diesen Sturm nicht heil überstehen. Ich bekam Angst, richtige, große Angst auch um mich, dieser Hagel waren so groß, sie könnten einen Menschen durchaus töten.

In kürzester Zeit waren die Straßen der kleinen Siedlung in der ich mich befand, weiß vom Eis des Hagels und glatt wie im Winter auf der Eisbahn. Ich rutschte auf meinen Sommerreifen ein Stück die Straße herunter und blieb am Straßenrand stehen, als ich ein weiteres Auto langsam anrollen sah, der Fahrer winkte mir zu und wies mit der Hand auf ein Haus, er selbst bog in die Auffahrt des Hauses ein, diese hatte die ich erst gar nicht wahr genommen hatte. Ich bog ebenfalls vorsichtig in die Einfahrt ein und fand Platz in dem Carport des Besitzers und konnte mich so aus der Gefahr bringen. Glatte 45 Minuten dauerte der Hagelsturm. Als der Himmel wieder hell wurde, war die Welt am diesem

26. Juni 2014 in eine Winterlandschaft verwandelt. Alles war weiß und spiegelglatt. Ich bedankte mich bei den Hausbesitzern und fuhr langsam auf immer noch glatten Straßen in Richtung Meer. Der Hagel hatte nachgelassen und war in einen Starkregen übergegangen. Eine leichte Entspannung setzte bei mir ein. Es regnete zwar immer noch aus dem grauschwarzen Himmel wie aus Eimern und überschwemmte Straßen. Aber dann wurde es wieder hell und heller und die Sonne brachte das Tageslicht zurück. Ich hielt erst am Meer wieder. Hier sah alles friedlich und freundlich aus, es hatte kaum geregnet. Nur der immer noch schwarze Horizont ließ erahnen, was sich da gerade ereignet hatte. Mein Auto und ich hatten es gut und unversehrt überstanden.

Einen Tag später berichteten die schwedischen Zeitungen über den Weltuntergang in Mörrum, reichlich mit Bildern der riesigen Hagelbälle ausgestattet. Man sprach von noch nie dagewesenen Wetterphänomenen.

Ich wollte nur noch in mein superschönes Hotel und dann meinen schwedischen Traum (er)leben. Kristianstad ist eine mittlere Stadt die unspektakulär an Schwedens Küste liegt und nicht besonders viel zu bieten hat. Einen langweiliger kurzer Strand und ein kleines Schloss sind die wichtigsten touristischen Angebote. Aber das Hotel ! Hier sollte ja hingehen. Ein schönes, altes Holzhaus inmitten der unberührten Landschaft. Ich hatte das Prospektangebot neben mir auf dem Sitz liegen und träumte mich ins 19. Jahrhundert. Puff, plötzlich wurde ich aus dem Traum gerissen, denn mein Navi gab mir zu verstehen mir, dass ich mein Ziel erreicht habe. Ich stand in einer Plattenbausiedlung der 70 Jahre. Ordentlich, sicher, aber ein fünfstöckiges Haus an dem anderen und mittendrin mein Traumhaus aus Holz. Es war genauso wie in dem Prospekt angegeben. Sonnengelb gestrichen, original renoviert wie aus der Mitte des 19 Jahrhundert. Umgeben von etwas Rasen und gepflegten Kieswege bis zur Eingangstür. Aber wo war der einsame Buchenwald mit Sandwegen zum Strand? Die Werbe Fotografen hatten ganze Arbeit geleistet. Nach dem ersten Schock habe ich mich aber doch wohl gefühlt. Im Haus war es der sehr netten Besitzerin gelungen das Flair der alten Zeit zu erhalten. Ich hatte ein sehr schönes Zimmer und wurde mit einem superguten Frühstück verwöhnt.

Ansonsten gibt es von mir über Schweden und die Schweden nicht viel zu berichten. Beide haben mich nicht sehr berührt. Obwohl es im Sommer bis Mitternacht hell ist, werden Geschäfte um 18.00 Uhr und Gaststätten und Restaurants ab 22.00 Uhr geschlossen. Selbst der Burger King schließt in Kristianstad um 22.30 Uhr seine Pforten. Menschen sieht man ab dem frühen Abend auf der Straße kaum, in Schweden ist man liebsten zu Hause. Touristen stören da eher, und darum muss man sich auch nicht besonders um sie kümmern. Denn für kulturelle Angebote und Gastronomie und Kneipenszene fährt man sowieso, mit dem Auto oder den Skanetag, über die Öresund Brücke nach Kopenhagen und wird hier mit allem bestens versorgt. Allerdings dann in Dänemark.

Aber um die unvergleichliche Architektur und das Flair der schwedischen Hansestädte, wie Helsingborg, Kronastad oder die Insel Öland zu erkunden, ist eine Reise nach Südschweden allemal wert.

Auch Ystad habe ich auf meiner Reiserroute nicht vergessen. Ein Stadtrundgang auf Henrik Mankells Romankommissar Kurt

Wallanders Spuren ist ein Muss für mich als Krimifans. Ystadt ist eine kleine Hafenstadt mit einer Fährverbindung nach Polen. Nette kleine Backsteinhäuschen und eine hübsche Kirche.

Aber es ist die Heimat von Kurt Wallander dem Krimi Kommissar. Mit dem Buch in der Hand spaziert man an Wallanders Wohnhaus, seinem Lieblings Café und anderen Stationen aus der Fantasie Henrik Mankells vorbei und versinkt in den Romanwelten. Es hat mir sehr gefallen.

Für die Rückreise über die Ostsee, von Trelleborg nach Saßnitz genügt dann nur noch ein Katzensprung und man landet auf der Insel Rügen.

Aber hier beginnt wieder eine neue Geschichte.

Die Reise nach Pommern

1992

Ich lese nur sehr selten Werbung, denn ich weiß sehr gut selbst was ich benötige und möchte nicht das Gefühl haben verführt zu werden. Es sei denn es handelt um das Reisen. Im Herbst 1992 fand ich in meiner Post einen sehr einfach aufgemachten, nur eine einfache schwarzweiß Kopie, Hinweis auf eine Reise nach Danzig. Danzig? Das liegt doch in Polen. Sollte man da hinfahren? Was gibt's denn da zu sehen? Der Zettel interessierte mich, 10 Tage Danzig für nur 200,00 DM. Ich bin normalerweise sehr vorsichtig mit Schnäppchenangeboten, meist zahlt man drauf. Hier aber versagte meine innere Warnstimme, der Preis war enorm günstig. Für ein Busfahrt mit Vollpension und Aufenthalt im 5 Sterne Hotel Hevelius. Ich buchte sofort ohne nachzudenken und überwies auch gleich den Betrag, damit meine Buchung auch sofort fix war. Ein paar Tage später kamen mir Zweifel, war ich eine von diesen Trotteln, die so gierig waren und mit der Wurst nach der Speckseite warfen? Das konnte doch gar nicht seriös sein. Wer war denn schon mal in Polen? Nur meine Eltern, die im Jahre 1974 eine denkwürdige Reise in die Heimat meiner Mutter nach Osterode antraten und nach einer Woche froh waren, wieder heil und gesund nach Hause zu dürfen. Ich hatte wohl viel Geld an Betrüger gezahlt. Es war mir peinlich und so erzählte ich Herbert erst mal nichts davon. Wenn das Geld weg war, dann wollte ich wenigsten keine Besserwisser dazu hören. Ärgern konnte ich mich auch allein. Trotzdem rief ich die Telefonnummer aus der Werbung an, um zu sehen, ob es wirklich einen Anschluss gab. tatsächlich meldete sich eine freundliche junge Dame und ich erkundigte mich nach dem Stand der Danzigereise. Ja, es sei alles in Ordnung, wenn ich schon bezahlt hätte, werde ich in Kürze eine schriftliche Bestätigung mit allen wichtigen Einzelheiten erhalten. Ansonsten sei die Reise ausgebucht. So, ein Telefon existierte offensichtlich, das beruhigte mich etwas. Ich erhielt dann kurze

Zeit später tatsächlich einen Umschlag mit vielen Informationen. Eine Broschüre über das Münsteraner Reiseunternehmen lag bei, hier annoncierten zwei junge Herren aus Münster. Diese Beiden hatten ihre Lehramtsstudien abgebrochen und sind in das Reisegeschäft eingestiegen. Die Idee, Ziele im Osten Europas zu besuchen sei ihnen gekommen, als die Eltern der Beiden ihre verlorene Heimat in Schlesien, Ostpreußen und Pommern wiedersehen wollten und es nur die Möglichkeit gab, selbstständig und mit allen organisatorischen Schwierigkeiten diese Fahrten zu planen und durchzuführen. So entstand die Idee der Heimwehreisen, wie sie ihr Angebot nannten. Die von mir gebuchte Fahrt war eine sogenannten Multiplikatoren Reise, sie richtete sich hauptsächlich an Vorstände und Verantwortliche in den landsmannschaftlichen Vereinigungen und Vereine für Flüchtlinge und Vertriebene aus den ehemaligen deutschen Ostgebieten. Reisen in die ehemaligen Heimatländer der Mitglieder. Die Abfahrt des Busses war auf

11.00 Uhr festgesetzt. Ich war natürlich pünktlich vor Ort und mit mir eine ca. 100 köpfige Gruppe. Zu 98 Prozent ältere Herrschaften, die sich angeregt und fröhlich unterhielten. Man kannte sich vielfach aus den Vereinen und Verbänden und freute sich auf die gemeinsame Reise. Es standen schon zwei Busse bereit, denn im Jahre 1994 sollte der 1000Jährige Geburtstag der Stadt Danzig gefeiert werden und so war großzügig geplant worden um möglichst viele Interessierte mitzunehmen, die dann zu den Feierlichkeiten in großen Gruppen wiederkommen würden.

Zunächst stand ich allein mit meinem Koffer da, bis man auf mich aufmerksam wurde. Ich wurde sofort mit einbezogen, nicht ohne Bemerkung wie toll es sei, dass ich junges Mädchen, denn ich drückte mit meinen damals 40 Jahren den Altersdurchschnitt der Gruppe erheblich, so viel Interesse an der alten Heimat zeige. Ich habe später selten so eine fröhliche und aufgeschlossene Reisegesellschaft gefunden, die trotz aller schweren, traumatischen Erlebnisse durch Krieg, Flucht oder Vertreibung in hohem Maße unvoreingenommen waren.

Uns stellten sich dann ein Herr in meinem Alter und eine junge Dame vor, mit ihr hatte ich schon telefoniert. Hans und Birgit. Es handelte sich um einen der beiden Chefs des Unternehmens und seine Mitarbeiterin für den Reiseschwerpunkt Polen. Wir waren uns auf Anhieb sympathisch und ich freute mich doch nicht allein die Jüngste zu sein. Was aber gar nicht schlimm gewesen wäre.

Das Verstauen des Gepäcks ging zügig vonstatten und die Busse konnten ihre Fahrt gen Osten antreten. Ich saß weiter hinten im Bus und kam schnell mit den Mitreisenden ins Gespräch. Ein ältere Herr aus Flensburg, ein wie ich auch auf meinen späteren Reisen mit dieser Gruppe immer wieder feststellte, begnadeter Erzähler kurzweiliger Geschichten, die sich immer wieder um seine Geburtsort Groß-Puppen bei Stolp an der Ostsee rankten. „Damals in Groß-Puppen", so begannen seine unzähligen Anekdoten und Erinnerung aus seiner Kindheit und Schülerzeit. Wir erfuhren alles über seine Eltern und Großeltern und die Gemeinschaft in Groß-Puppen. Leider haben wir nie in Erfahrung bringen können, ob es auch ein Klein-Puppen gab.

Ja wir hatten ja alles, das Elternhaus mit Oma und Opa, die Pferde und einen Kahn mit dem man zum Fischen auf das Haff hinausfuhr. Die hellen Sommertage, die wir am Strand verbrachten. Weihnachten mit Schnee und Schabernack und unendlich viel Zeit um das Leben zu genießen. Frei ohne Schuhe und Einschränkungen.

In der Erinnerung scheint immer die Sonne und nichts stört die Freude und Zufriedenheit. Herr Röller aus Flensburg war Buchhändler mit einer großen Buchhandlung. Einer seiner Söhne lag seit einem Unfall im Koma und musste rund um die Uhr versorgt werden. Herr Röller und sei Frau vermissten das unbeschwerte Familienleben mit ihren

Kindern sehr. Töchter hatte er keine und so kamen Birgit und ich in den Genuss verwöhnt zu werden. Vor dem Essen mit Champagner Cocktails und nach dem Essen mit Süßigkeiten, immer begleitet von kurzweiligen Geschichten aus der alten Heimat. Wir hörten ihm nur zu gerne zu, denn nicht alles war brav und korrekt und manchmal auch nicht ganz jugendfrei. Meine Frage ob er wieder in Stolp leben möchte, beantwortet er mit einem klaren nein. Sein Lebensmittelpunkt sei jetzt in Flensburg, aber die Erinnerung an seine Heimat sei immer lebendig und er hoffe, dass wir etwas davon mit in unsere Zukunft mitnehmen.

Wir haben Stolp besucht so kurz nach Wende war es ein wehmütiger Ort unweit der Ostseeküste. Heute ist Slupsk, so lautet der polnische Name jetzt, ein beliebter Touristenort für Sommergäste. Der beliebte Camembert der schon in den 20ger Jahren des letzten Jahrhunderts, von einen süddeutschen Käsehersteller kreiert und unter dem Namen „Stolper Jungchen" im

Handel war, wird auch heute wieder in Słupsk hergestellt und ist immer noch sehr beliebt

Auch Frau Baier aus Stuttgart war eine angenehme Mitreisende. Freundlich, aber resolut managte sie eine kleine Reisegruppe der evtl. Kirchen, die ursprünglich aus den verschiedensten kleinen Orten Pommerns stammten und sich nach Flucht und Vertreibung in Baden-Württemberg wiedergefunden hatten. Einige waren als Kinder nach Westdeutschland gekommen und wollten ihre Heimat entdecken. Mit Ihnen habe ich kleine Kirchen besucht und mir die Geschichten der Gemeinden vor dem Krieg erzählen lassen. Habe mir Dörfer und kleine Städte zu Fuß erobert. In alten Schlössern und Herrenhäusern die Vergangenheit aufleben lassen. Besonders die alten Leute waren ein Quell an Wissen, bereitwillig alles mitzuteilen was diesen Teil unserer Geschichte ausmacht. Nie wieder habe ich auf Reisen so viel gelernt wie auf diesen Heimwehreisen. Es war gut den

Menschen diese Reisen zu ermöglichen, die in den ehemaligen deutschen Ostgebieten im heutigen Polen zu Hause waren. Es waren fröhliche, gut gelaunte Reiseteilnehmer, die ohne Ressentiment auf die Menschen zugingen, um mit ihnen die gemeinsame Heimat neu zu entdecken und alte Klischeebilder abzulegen. Ich bereiste mit dieser Gruppe innerhalb von acht Jahren fast ganz Polen. Pommern, Ostpreußen, Masuren, Ober- und Niederschlesien. Ich besuchte Warschau, Krakau, Lublin an der ukrainischen Grenze und befuhr mit den Goralen in Zakopane auf einem, aus Baumstämmen und mit Seilen zusammengebundenem Floß den wilden Fluss Dunajec

Die Goralen sind ein eigener im polnischen Teil der Hohen Tatra, den Beskiden, ansässige Bergbevölkerung. Sie sind Viehzüchter, Holzfäller und sie pflegen ihr reiches Brauchtum mit aufwendigen Trachten und Schnitzereien besonders an den Hausgiebeln. Sie betreiben in dem waldreichen Gebiet der

Hohen Tatra traditionelle Flößerei auf dem wilden Gebirgsfluss Dunajec. Touristen werden gern auf diese auf diese Floßfahrten mitgenommen. Im Sommer ein hoch willkommenes Abenteuer.

Es war ein allzu abenteuerliches Unterfangen am einem 31. Oktober eine Floßfahrt zu organisieren, wenn hier in der Hohen Tatra schon der Winter einsetzt. Aber die gesamte Gruppe wollte es unbedingt und so haben die Flößer ihre schon für die Schneezeit eingepackten Flöße wieder zu Wasser gebracht und sind mit uns zwei Stunden durch die eisigen Fluten des Flusses gefahren. Einige der Mitreisenden haben es auch bald bereut, denn wer am Rand eines Floßes saß, hatte ständigen Kontakt mit dem eiskalten Wasser und war nach kurzer Zeit bis auf die Knochen durchgefroren. Unser Chef Hans saß ebenfalls am Rand des Floßes, das eigentlich nur aus zusammen gebundenen Baumstämmen bestand, und war zu alledem nur mit einer Jeans und einem Jackett bekleidet. Die älteren Damen haben ihn sofort mit warmen Kleidungstücken versorgt. So trug er, zur Belustigung seiner Mitfahrer die Winterweste einer älteren Dame, sie hatte diese vorsichtshalber unter ihrer Daunenjacke angezogen. Eine gestrickte Damenmütze mit passendem Schal und ein Wollenes Umschlagtuch um die Hüften. Er hatte ja nicht zuhören wollen und darauf bestanden, er sei sicher ausreichend warm angezogen. Bis der eisige Wind der Hohen Tatra ihn eines Besseren belehrte. Dieses Lehrstück ist ihm noch lange im Gedächtnis geblieben.

Danzig die Perle an der Ostsee

In den westlichen und nördlichen Städte und Landschaften Polens ist der deutsche Einfluss unübersehbar und wird von der polnischen Bevölkerung und der Regierung auch nicht negiert, ganz im Gegenteil, die Altstadt von Danzig mit der Marienkirche, den hanseatischen Bürgerhäusern und den opulenten Brunnen, wurden schon bereits vor Jahren aufwendig restauriert und wiederhegestellt Der einzigartige Blick aus dem Fester meines Zimmers im achten Stock des Hotels Hevelius auf die unzähligen, riesigen Kräne der Lenin Weft, war für mich ein kleiner aber wunderbar unvergesslicher Schock. Mitten in der Stadt diese riesige Industrie, ich konnte mich kaum stattsehen. Von hieraus begann mit dem Streik der Werftarbeiter unter der Führung von Lech Walesa der den Untergang des kommunistischen Systems und die Öffnung nach Westen einläutete. Die Marienburg ist die Stammburg des Deutschen Ordens. In Frauenburg an der Ostsee ist sie original wiederaufgebaut und restauriert worden. Ich wurde später oft gefragt, wo es mir am besten gefallen habe. Aauf gibt es nur eine Antwort auf der Kurischen Nehrung, denn nur hier auf den Dünen von Nidden/Nidda spürte ich intensiv das Gefühl zu leben, Licht und Luft aufzunehmen und gleichzeitig den Atem der Ewigkeit und der Vergänglichkeit. Auf der schmalsten Stelle der Nehrung kann man das Haff und die Ostsee sehen. Ich stehe im leichten Wind und die Sonne blendet mich, wenn ich über den weißen Sand der Dünen blicke und vergessen ist Raum und Zeit. Kein anderer Platz der Welt hat bei mir so einen nachhaltigen Eindruck hinterlassen. Ich fühlte eine enge Verbundenheit mit dieser Landschaft und der Geschichte und der Vergangenheit und wusste plötzlich, dass hier meine Wurzeln fest im Boden stecken. Meine Mutter wurde in Osterode in Ostpreußen geboren, meine Großmutter väterlicherseits in Darkehmen bei Königsberg. Auf die Frage wo in der Welt hat es dir am besten gefallen, sage ich immer noch: „ Auf der Kurischen Nehrung". Am Ender der Kurischen Nehrung liegt die Stadt Memel heute Klaipėda in Litauen. Ein Ort mit der wechselvollen Geschichte vieler Städte an der Ostsee dem Baltischen Meer . Klaipėda war und ist immer noch ein wichtiger Ostseehafen. Von Klaipėda bringen die Fähren den Reisenden über die Ostsee direkt nach Kiel.

Es rauscht in Rauschen

Rauschen und Crantz, gehören wie Königsberg heute zu Russland, und waren in der Kaiserzeit schon beliebte „Sommerfrischen" Badeorte für hauptsächlich wohlhabenden Berliner. Hier ließ man es sich in einem riesigen Strandbad gut gehen. Man zog zu Sommerbeginn mit dem gesamten Hausstand in die Sommervillen. Diese, hauptsächlich aus Holz in der typischen aufwendigen Bäderarchitektur, gebauten Villen, sind heute noch gut erhalten und gehören zum großen Teil reichen Russen aus Moskau. Man badete und besuchte Kurkonzerte und ließ es sich gutgehen. Auch die Vogelwarte in Rosetten auf der Nehrung war und ist bis heute ein Ausflugsziel. Hier werden seit 1901 alle Vögel gezählt und beringt bevor sie sich im Sommer auf den Weg nach Süden machen. Und natürlich Königsberg, die Perle in Preußens. Leider hat sich ihr Stadtbild durch die vollständige Zerstörung im Weltkrieg nachhaltig verändert. Bis auf die aufwendig, mit vielen Spenden aus dem Ausland, wiederaufgebaute Marienkirchen, erinnert bis auf zwei oder drei in Gebäude im klassizistischem Stil, nichts mehr an das alte Königsberg. Kaliningrad wie sie heute heißt ist eine russische Stadt, in jeder Hinsicht. Aber ein kleines Pflänzchen blüht an der Kant Universität und gibt Hoffnung für die Zukunft. Die Studenten fühlen sich mit dem Humanisten Kant eng verbunden und sind stolz auf die langjährige Geschichte ihrer Universität. Diese jungen Menschen nennen stolz Königsberger, wenn sie nach ihrer Heimat gefragt werden.

Sommer auf einem Felsen

1993

Wieder einmal war es Sommer und das Reisefieber packte mich. Meinen Mann Herbert konnte ich immer noch nicht dazu bewegen mit mir in die Ferien zu fahren. Es versprach es zu jedem Neuen Jahr aber, wenn der Sommer dann nahte wurde nicht mehr davon geredet.

Ich erzählte meinen Eltern bei einem Sonntagsessen, dass mich Korsika interessieren würde und meine Mutter nickte und hörte aufmerksam zu. Nachdem sie vor ein paar Jahren, auf Druck ihrer Kinder und Enkel, in die USA gereist war, um dort ihren Vetter in Kalifornien zu besuchen, war sie von Flugreisen doch sehr begeistert. Auch war der Wunsch noch mal ins Ausland zu reisen bei ihr immer noch frisch. Meine Eltern verbrachten ihren Urlaub jedes Jahr in Deutschland von der Küste bis zu den Bergen und mein Vater wollte das auch nicht ändern. Er war gar nicht begeistert, dass seine

Gertrud wohl Geschmack an Auslandsreisen gefunden hatte und versuchte ihr die Reise madig zu machen. Vielleicht schwang auch ein bisschen Eifersucht und Neid mit. Aber gegen Kinder und Enkel kam er nicht an. Gesagt, getan wir kamen überein, ich suche aus und buche, und Mutti kommt einfach mit.

Ich entschied mich für ein hübsches Landhaus in Calvi, ein ehemaliger landwirtschaftlicher Betrieb, der von seinen Besitzern in ein rustikales, kleines Hotel umgebaut worden war.

Dier Flug war reibungslos und schnell, nach kurzer Flugzeit setzen wir schon zur Landung auf dem Flughafen Bastia an. Korsika ist ein riesiger Felsen im Mittelmeer. Aus dem Flugzeug erkennt man nur schwer, dass es sich hier um eine bewohnte Gegend handelt. Die Flugzeuge drifteten in Richtung der Felswand und bevor der Reisende mit angstgeweiteten Augen dem Aufprall entgegen sieht, taucht aus dem Nichts die

Landebahn auf und das Flugzeug landet sicher auf der Rollbahn.

Unser Hotel war sehr schön aus Naturstein gebaut und an einem Hang gelegen. Die fünf Zimmer des kleinen Hauses, ehemalige Wirtschaftsräume, lagen rund um einen blauen Pool. Wir hatten vor unserem Zimmer eine schöne große Terrasse, die den Blick auf den großen Garten der Besitzer freigab. Meine Mutter war begeistert. Es gefiel ihr sehr hier im Schatten sitzend zu stricken oder zu lesen. An Besichtigungen und der kulturellen Vielfalt der Insel, war sie nur am Rande interessiert. Sie genoss das Nichtstun und die Ruhe.

Ich hatte einen Leihwagen gebucht und fuhr tagsüber alle Punkte, die ich mir für meine Korsika Reise vorgenommen hatte, ab. Eine unverwechselbare Landschaft mit hohen Felswänden und steil abfallenden Klippen. Ich besuchte schöne kleine Kirchen die von der Frömmigkeit der Einwohner und alte Friedhöfe, die von der Vergangenheit erzählten. Ich lief durch duftende Ebenen, auf denen Schafe die Maccia, ein Gesträuch aus den verschiedensten Kräutern und Pflanzen, abknabbern. Sie würzen so ihr Fleisch schon selber und man kann es, ohne weitere Zutaten oder Aufwand, schon wohlschmeckend direkt von Grill genießen.

Die Umrundung des Cap corse ist ein Muss. Ich überredete meine Mutti mit zu kommen und mit mir dieses atemberaubende Panorama zu bestaunen. Leider war ich nicht ganz so professionell informiert wie ich es hätte sein sollen und begann meine Autofahrt leider von der Ostseite des Kaps. Ich war also gezwungen immer an der Straßenseite zu fahren und nicht an der Felsseite. Die Westseite wäre einfacher gewesen, besonders für einen Menschen wie mich, der Zeit seines Lebens an Höhenangst gelitten hat und leidet. Die Fahrt ging auf der engen Straße am Rande des Abgrundes entlang. Ich schwitze und versuchte nur auf die Straße zu blicken, um ja keinen Zentimeter zu weit nach rechts zu fahren und in die Tiefe zu stürzen. Nicht so meine Mutter, sie steckte den Kopf aus dem Wagenfenstern und bejubelte jeden neuen Ausblick, „schau mal das geht doch bestimmt 500 m tief runter! Oder hast du diesen rosafarbenen Strand da unten gesehen? So was gibt es doch gar nicht". Bei den immer wieder anfallenden Raucherpausen, diese waren meiner Mutter sehr wichtig, beugte sie sich weit über die niedrige Begrenzung des Straßenrandes hinaus, um alles unterhalb der Felskante genauer zu sehen, um mir dann wortereich die Abgrund Tiefe zu beschreiben. Sie schien sich keinerlei Mitgefühl für ihr leidendes Kind zu gestatten. Ich war nur glücklich, dass sich mich nicht noch über den Rand geschubst hat, damit ich besser sehen kann. Die Fahrt war für mich ein Horrortrip. Viel gesehen habe ich nicht. Als wir im Westen endlich das Ende der Kaps erreichten, hielt ich an um zu verschnaufen. Ich musste mir auch dringend den in Strömen fließenden Schweiß abzuwischen. Aber es war mir nicht möglich die Hände vom Lenkrad zu lösen. Meine Finger hatten sich dermaßen verkrampft, dass sie das Lenkrad fest umschlossen. Sie wollten sich nicht einfach mehr öffnen. Es dauerte zwei, drei Minuten, bis sich mein Körper beruhigt hatte und ich meine Finger wieder bewegen konnte. Trotzdem bin ich sehr froh über die Entscheidung dort entlang gefahren zu sein, meiner Mutter hat es sehr viel Freude gemacht hat und heute weiß ich, nur das zählt.

Danach blieb sie gern wieder auf unserer Terrasse, es war schon schwer sie zum Essen auszugehen zu bewegen. „Bring mir doch einfach was aus der Stadt mit, ein halbes Hähnchen oder Lammkoteletts vom Grill". Wir wohnten ein paar hundert Meter bergauf vom Zentrum entfernt. Eine Straße wand sich in kleinen Serpentinen den Berg hoch. Gern kürzte ich den Weg ab, in dem ich in den schmalen, trockenen Bachläufen die sich vom Gipfel bis hinunter zum Meer ziehen, hinauf oder hinunter stieg.

Ich   war gerade   von einer meiner Rundfahrten zurück und saß in Calvi an der

„Plaza" und sah ein paar älteren Herren beim Boule Spiel zu. Mutti hatte sich eine halbe Poularde von einem bestimmten Metzger und dazu ein frisches Baguette gewünscht. Ich stand auf und schlenderte durch die kleine Ladenstraße. Nach dem Einkauf wollte ich den nahe gelegensten Bachlauf zum Hotel hinauf stiefeln, als mein Blick auf die dunklen bis fast schwarzen Wolken am Himmel fiel. Der Marktplatz war plötzlich wie leer gefegt und ein scharfer Wind pfiff über den Platz und wirbelte Staub, kleine Äste und Laub auf. Jetzt wurde es aber auch Zeit für mich. Am Fuße des Bachlaufes überkam mich ein ungutes Gefühl. Ich weiß nicht was es war, aber eine unsichtbare Hand hielt mich zurück und stieß mich sanft in Richtung Straße. Würde ich den Weg schaffen bevor der Regen einsetzte? Ich lief los die kleinen Serpentinen hinauf, als plötzlich vor mir, neben mir, hinter mir Blitze einschlugen unmittelbar gefolgt von Ohren betäubenden Donner, der in der Felswand widerhallte. Ich hockte mich hin, die Füße eng nebeneinander und machte mich so klein wie möglich. Blitz folgte auf Blitz. Ich hatte Todesangst. War es ein Fehler nicht den kurzen Weg zu nehmen. Wolkenbruchartiger Regen brach los und einen Gedanken später stürzten in den Bachläufen, auch in dem von mir bevorzugten, wie aus dem Nichts riesige Wassermassen zu Tal. Im Verlauf des Baches hätte ich keine Chance gehabt. Ich wäre weggespült worden, ertrunken oder zumindest mit Knochenbrüchen liegen geblieben. Mit dem Regen ließen die Blitze nach und ich beeilte mich den Berg hinauf zu kommen. Als ich unsere Terrasse , bis auf die Knochen durchnässt erreichte, und mit einem durchweichten Baguette und einer patschnassen sich langsam auflösenden Tüte mit der Poularde in der Hand, sah ich meine Mutter durch die Terrassentür auf dem Bett sitzen und stricken. Ich wollte nur noch ins trockene Zimmer eintreten, da hörte ich die leicht ärgerliche Stimme meiner Mutter: „Geh doch gefälligst durch die hintere Tür direkt ins Bad, du tropfst ja hier alles voll". Ich tat wie mir geheißen und schlich mich im Regen um das Haus zum Hintereingang. Das Essen hatte ich Gott sei Dank gerettet und wir genossen es mit einem Glas Rotwein. Es war sehr gemütlich und zwei Stunden später war das Unwetter auch wieder vorbei. Meine Laune besserte sich schnell, die Sonne lachte wieder und die Bachläufe trockneten rasch wieder aus.

Eine zarte Liebe

Unser Urlaub neigte sich dem Ende zu. Ich hatte alles was ich mir vorgenommen gesehen. Meine Mutter sah ebenfalls erholt und zufrieden aus, obwohl sie fast die ganzen Ferien auf der Terrasse zu gebracht hatte.

Als ich an einem Tag in die Unterkunft kam, sah ich unsere Gastgeberin lächelnd über eine der kurzen Hecken schauen, die den Hotelbreich vom privaten Areal der Besitzer trennte. Ich trat neben sie und schaute in die Richtung unseres Zimmers das oberhalb eines Nutzgartens lag. Meine Mutter saß wieder auf der Terrasse und strickte. Ein Herr so im Alter meiner Mutter, er war groß und schlank mit sonnengebräunter Haut, schnitt drei Blüten aus der den Nutzgarten einfassenden Rosenhecke. Er hatte ein scharfgeschnittenes Gesicht mit hellen, grauen Augen und einer geraden Nase. Die noch vollen weißen Haare schauten unter einem Strohhut hervor und er stand sehr gerade und aufrecht. Dann packte er seine Gartenwerkzeuge in einen Korb und ging auf unsere Terrasse zu. Vor meiner Mutter blieb er stehen und überreichte ihr mit einem kurzen Kopfnicken und einem Lächeln, dass seine hellgrauen Augen strahlen ließ, mit den Worten „Madame pour vous", die Rosen. Meine Mutter lächelte zurück, schnupperte ein wenig verschämt wie ein Teenager an den Rosen und bedankte sich mit einem Kopfnicken. Dann ging der Mann weiter. Ich war platt. Unsere Gastgeberin sprach mich an, sie hatte ja ebenfalls zugeschaut. Der Herr sei ihr Vater. Sie kämen aus Algerien und während sie durch ihre Heirat schon lange in Frankreich lebe, sei ihr Vater erst vor kurzem zu ihnen gezogen. Nach dem Tod seiner Frau, ihrer Mutter, sei er nicht mehr gut zurechtgekommen und hatte sich zurückgezogen. Seine ganze Liebe galt jetzt dem Garten in dem er sich jeden Tag aufhielt. Seit unserer Ankunft habe er sich verändert, sei fröhlicher geworden und sie habe die Beiden oft heimlich beobachtet. Sie pflückten gemeinsam Tomaten und Gurken. Harkten

Unkraut oder saßen schweigend zusammen auf der kleinen Bank unter einem Weinstock. Sie fragte mich nach meiner Mutter und gab mir zu verstehen, meine Mutti sei herzlich eingeladen, noch länger in ihrem Haus zu bleiben. Ich antwortete, dass meine Mutter so eine Entscheidung wohl selbst treffen müsste, aber mein Vater sei damit möglicherweise nicht so ganz einverstanden. Sie bedauerte, da wir ohne Männer verreist waren, hatte sie angenommen, dass wir vielleicht alleinstehend seien. Ich verabschiedete mich und ging zur Terrasse hinüber. Meine Mutter sah zufrieden aus und sie hoffte, dass ich auch einen schönen Tag hatte. Ich bejahte und antwortete, sie doch wohl auch und wer denn der attraktive Mann war der ihr Rosen geschenkt hatte. Meiner Mutter war das gar nicht peinlich, warum auch. Sie erzählte, dass er ihr schon am ersten Tag aufgefallen sei und sie ihn bei der Arbeit beobachtet hatte und er ihr beim Vorbeigehen, mit einem Lächeln mal eine schöne reife Tomate, frische Früchte oder eine schöne Blume schenkte. Unterhalten können sie sich nicht, er spreche nur eine für sie fremde arabische Sprache. Sie sahen sich dann täglich, mal habe sie ihm im Garten ein wenig mitgeholfen, wobei er peinlich bedacht war, dass sie sich nicht überanstrengte oder sie saßen auf der Gartenbank neben den Beeten und er bewunderte ihre Strickkünste. Dann kam hin und wieder seine Tochter und brachte zwei Gläser Wein oder eine Kanne Tee, die sie gemeinsam leerten. Meine Mutter sagt frei heraus, wenn ich den Alten nicht zu Hause hätte, bliebe sie sehr gern erstmal hier. Es war unübersehbar meine Mutter hatte sich verliebt. Ich gönnte es ihr, sie hatte es verdient und so war auch meine Antwort klar. Wenn du willst bleib. Zuhause? Das regele ich sehr gern. Es wäre mir eine Freude gewesen, meinem manchmal sehr despotischen Vater beizubiegen, dass seine Frau ihn nach fast 50 jähriger Ehe hatte sitzen lassen. Er hat sich nie große Gedanken gemacht meine Mutter zu verwöhnen, ihr mal eine Rose oder ein paar Pralinen mitzubringen, einfach nur so. Ich freute mich schon auf sein fassungsloses Gesicht. Aber Mutter winkte ab, das ginge nicht, auch wenn unser Vater nicht die freundliche Herzlichkeit hatte, fünfzig Jahre kann man nicht wegwischen, da steckt zu viel Leben drin. Sie sei aber sehr dankbar für diese Reise und für diese Augenblicke des glücklichen Seins.

Drei Jahre später starb meine Mutter. Mein Vater hat nie von der kleinen Sommerliebe seiner Frau erfahren, aber ich bin sehr froh diese schönen Tage mit meiner Mutter gemeinsam verbracht zu haben.

Wo meine Wurzeln liegen

1998

An einem schönen Frühlingstag stand ich mit meiner Freundin und Tanzlehrerin Mariola vor meinem Büro. Wir hatten die Erlaubnis im Sitzungssaal des Büros mit unserer Tanzgruppe zu trainieren. Die anderen waren noch nicht da und so vertrieben wir uns wartend und schwatzend Zeit. Mariola gönnte sich eine Rauchpause und ich genoss die schon wärmende Sonne. „ Im Sommer fahr ich nach Ostroda", begann Mariola, „meine Schwester Asia feiert den 40. Geburtstag und da will ich auf jeden Fall hin". „ Obwohl, es ist immer so stressig ", sprach sie weiter, „die Familie ist furchtbar anstrengend und ich bin das gar nicht mehr gewöhnt. Sie sind einnehmend und leider furchtbar neugierig ". Anstrengend? Das konnte ich mir gar nicht vorstellen. Mariola Mutter war ein paarmal in Dorsten zu Gast und sie war sehr nett. Sie war mir vom ersten Moment seltsam vertraut, hatte sie doch äußerlich große

Ähnlichkeit mit meiner Mutter, die leider schon verstorben ist. Lachend wies ich auf die Tatsache hin, dass meine Mutter ebenfalls in Ostroda geboren war, in diesem Ort der vor dem zweiten Weltkrieg Osterode in Ostpreußen hieß. Dieses Familienverhalten war mir nur zu gut bekannt. Aber ja, sie könne sich eigentlich glücklich schätzen, alle noch bei sich zu haben. Wie auch immer, Polen ist ein wunderschönes Land. Bei meinen verschiedenen anderen Reisen dorthin konnte ich mir ein Bild machen und es hat mir immer sehr gut gefallen.

Unser Gespräch musste verschoben werden, die anderen Tänzerinnen unserer Gruppe trudelten nach und nach ein und jetzt wurde getanzt.

Ein paar Tage später rief Mariola mich an und fragte, ob ich nicht Lust hätte mir ihr nach Ostroda zu fahren. Sie habe vor zum Geburtstag dort zu tanzen und das könnten wir doch auch zu zweit tun. Die Busreise kostet 70 DM, das war nicht teuer, und ein

Bett würde man schon für mich finden. Leichte Zweifel kamen auf, sollte ich mitfahren? Zum Glück gab es das Internet und Informationen auf den verschiedenen Reiseseiten reichlich vorhanden. In Ostroda gab es ein Hotel das mir zusagte. Die Hotels in Polen waren in den vergangenen Jahren so gut aufgestellt, dass eine besondere Skepsis ihnen gegenüber, wie vielleicht noch vor ein paar Jahren, nicht mehr so zwingend angebracht war. Also wurde für eine Woche gebucht. Auch ein Busticket war schnell gefunden. Fernreisebusse ins Ausland, besonders in die osteuropäischen Länder, sind reichlich vorhanden. Die 17 Stunden Busfahrt schreckten mich schon ein bisschen, aber was soll es, jetzt gab es kein Zurück mehr.

Der Bus verließ Essen pünktlich und ließen wir das Ruhrgebiet, Bochum und Dortmund, schnell hinter uns und erreichten den großen Busbahnhof am Rasch-Platz in Hannover am späten Nachmittag. Hier konnten die Reisenden sich noch einmal frisch machen und mit Brötchen, Obst und Mineralwasser versorgt, ging es ohne weitere Pause durch die Nacht bis Posen.

Die Nacht war ruhiger und angenehmer als gedacht und als der Morgen graute, bog unser Bus schon in die Fahrspur der Relais Station Posen ein. Zu meiner Überraschung hielt der Bus an einer perfekten Versorgungsstation. Das Frühstück für kleines Geld, mit frisch gebrühten Kaffee, stand für die Reisenden schon bereit. Saubere Toiletten und Waschräume inbegriffen. In Deutschland habe ich zu dieser Zeit und auch später keine so gute Infrastruktur für Fernbusse gesehen.

Posen ist Drehkreuz für Fernbusse. Von hier aus geht es ihn alle Richtungen Polens. Hier musste ich höllisch aufpassen, denn der nächste Bus nach Allenstein/Ostroda war gar nicht so leicht zu finden Kenntnisse der polnischen Sprache wären sehr hilfreich gewesen, aber ich fand nette Menschen die mir auf den Weg zur richtigen Busverbindungen mit Rat und Tat zur Seite standen. Nach einer Stunde verließ der Fern Bus in Richtung Allenstein-Ostroda den Rastplatz. Fünf Stunden Fahrt lagen noch vor mir. Die Strecke war gar nicht so weit, aber sie führte über Landstraßen mit Geschwindigkeitsbegrenzungen. Die Fahrt bot mir die Zeit mir die Gegend genau anzuschauen und einzuprägen. Dichte, dunkle Wälder zogen vorbei. Langgezogene Äcker, das Gelb der Ähren schien hinter den Horizont zu verschwinden. Ein Teil war jetzt im Hochsommer schon gemäht und die Strohballen lagen in Rollen auf den Stoppelfeldern. Die Erzählungen meiner Mutter kamen mir in den Sinn. Sie erzählte von den tiefen Wäldern, in denen Hexen und Unholde lebten und die im Winter tiefverschneit und gefährlich waren, aber als Schulweg doch bezwungen werden mussten. Sie erzählte von Schlittenfahrten und Schlittschuhlaufen auf dem zugefroren See und Schabernack in den Rauhnächten zwischen Weihachten und Jahreswechsel. Vom Schimmelreiter mit seinem Gefolge, dem Ziegenbock, dem Bären und dem

Pracherweib. Die Dorfjugend zog in dieser besonderen Zeit durch den Ort und ärgerte und „belästigte" die Bewohner, besonders gern die jungen Mädchen, mit ihren derben Späßen. Sie erzählte von den großen Seen, die fischreich und mit glasklarem Wasser den Fischern Broterwerb waren, aber die Kinder auch zum Baden und angeln einluden. Obwohl diese riesigen Wasserflächen, mit ihren Untiefen, Wassergeistern und Nixen vor denen die Eltern und Großeltern stets warnten, auch sehr gefährlich waren. An diesen Ufern hatte sie ihre Kindheit verbracht. Sie hatte nicht übertrieben. Diese Welt war einzigartig. Leuchtend in dunkelgrün, hellblau und golden und ein bisschen unheimlich, wunderschön und mystisch. Jetzt um die Mittagszeit, die Sonne hoch am Himmel, die Luft warm, die Sonnenstrahlen golden und der Wind der leise über die golden Ähren streicht, in den denen sich Heer Scharen von Insekten tummeln, sind es keine Geschichten meiner Mutter mehr, nein alles verschmilzt ohne an Raum und Zeit gebunden zu sein und ich bin ein Teil davon. Kurze Zeit später endete die Fahrt in Ostroda, früher Osterode in Ostpreußen. Hier ist meine Freundin geboren und groß geworden. Ihre Familie mit Mutter und Schwestern leben hier. Meine Mutter wurde auch hier geboren, sie musste als Jugendliche dieses schöne Land, die geliebte Heimat verlassen und kam nie wieder zurück.

Mariola stand an der Haltestelle und winkte mir zu, wir umarmten uns und sie sagte, „so wir nehmen jetzt ein Taxi und fahren zu meiner Mutti, sie hat gekocht und wartet, sie war nicht davon abzubringen, das ist dir doch recht? Oder willst du lieber ins Hotel"? Nein ich wollte ihre Mutti natürlich sehen. Als wir uns zum ersten Mal in Dorsten begegneten gab es mir einen kleinen Schock. Denn als ich ihre Mutter sah, diese lebendige kleine Frau mit den schwarzen Haaren, dachte ich erst meine eigene Mutter betritt den Raum. Diese Ähnlichkeit gibt mir bis heute zu denken. Vielleicht sind wir ja verwandt, wäre in diesem Dorf am hintersten Ende der Welt eigentlich keine Überraschung. Also auf ins Taxi. Der Taxifahrer flirtete ein wenig und lobte Mariolas „gute Polnisch Kenntnisse" wo sie das denn gelernt habe wollte wissen? Na ja, er musste ja nicht alles wissen.

Beim leckeren Mittagessen in Mutters Küche überlegten wir uns, wie wir die Zeit in Ostroda bestmöglich ausfüllen könnten.

Wer tanzt auf dem Rasen

Zuerst stand ja der Geburtstag von Mariolas Schwester auf der Tagesordnung. Diese wusste nicht, dass ich zu Mariolas tänzerischer Unterstützung mit angereist war, was nicht heißt, dass meine Unterstützung nötig gewesen wäre. Die Feier sollte im Garten des Hauses stattfinden in dem die Schwester wohnte. Das hieß, alle Kostüme mussten mitgebracht und bis zum Auftritt unsichtbar weggehängt werden. Der Keller bot die einzige Möglichkeit ungestörter Garderobe. Denn es war Sommer und im Sommer gingen nicht sehr viele Menschen in Keller. In Polen wurde noch vielfach mit Kohle geheizt und die lagerte dort unten. Für mich war das kein Problem, alles hier in Ostroda erinnerte mich wohlig an meine Kindheit in Gelsenkirchen, selbst der Kohlenkeller. Ich fühlte mich um Jahre zurückversetzt in das Haus meiner Kinderzeit.

Also das Umziehen ging schnell. Wir hatten ausgemacht, dass sobald wir bereit waren, Jemand aus der fröhlichen Truppe die sich schon im Garten versammelte hatte, unsere CD einlegte und Mariola würde vor das staunende Publikum treten. Hinter einer Hausecke verborgen, wartete ich auf meinen Einsatz. Aber was war das, auf allen Balkonen rundherum standen die Nachbarn, und auf der Straße blieben die Menschen stehen und versuchten Blicke durch die Hecke und die Einfahrt auf das orientalische Geschehen zu erhaschen. Mir wurde ein bisschen flau, was wenn das in die Hose geht und es den Leute nicht gefällt oder noch schlimmer, uns ausbuhen? Zu spät meine Musik setzte ein und ich musste auch hinaus. Gar nicht so einfach auf den Rasensteinen zu tanzen, der Boden war nicht gerade eben. Nicht denken, tanzen. Dann was es schon Zeit für das „Pas de Deux", zusammen schafften wir es sehr gut. Zum Schluss Finale! Geschafft"! Wir standen ein Moment still und dann brauste der Applaus von allen Balkonen. So ähnlich muss es im Wiener- oder Pariser Opernhaus sein, wenn aus den Logen der Beifall braust. Das Geburtstagskind weinte, Mutter weinte, Mariola weinte, schließlich weinten alle, weil die Freude über diese Überraschung so groß war.

Es war ein herrlicher, unvergesslicher Tag.

*

Auf dem Oberländischen Kanal

Ich wollte es sehen, das Wunderwerk der Technik von dem auf den Polenreisen, die ich schon unternommen hatte, immer geschwärmt wurde. Den Oberländischen Kanal.

Der Oberländische Kanal wird in Wikipedia wie folgt beschrieben.
Der Oberländische Kanal, auch Oberlandkanal, Kanal Elbing-Osterode oder Elbing-Oberländischer Kanal (polnisch Kanał Elbląski) genannt, befindet sich im Oberland der polnischen Woiwodschaft Ermland-Masuren. Er wurde von 1844 bis 1860 unter der Leitung des königlich preußischen Baurats Georg Steenke aus Königsberg (Preußen) erbaut. Mitarbeiter beim Bau des Oberländischen Kanals waren die Ingenieure August Severin und Carl Lentze, der hauptsächlich als Konstrukteur der Weichselbrücke in Dirschau bekannt wurde und später beim Bau des Sueskanals mitwirkte. Der Oberländische Kanal verbindet mehrere Seen wie den Geserichsee und Städte

in Ostpreußen von Iława (deutsch: Deutsch Eylau) über Ostróda (Osterode) bis Elbląg (Elbing) zum Frischen Haff. Die Länge des Kanals beträgt 129,8 km bis Iława, wobei der Abschnitt Elbląg–Ostróda, mit dem der Kanal zumeist identifiziert wird, 82 km lang ist.

Als Besonderheit und heutige Touristenattraktion gelten die fünf Rollberge, auf denen die Schiffe zur Bewältigung des Höhenunterschieds von 99 Metern auf Schienenwagen über Land transportiert werden. Sie sind als Standseilbahnen ausgelegt, die von Wasserrädern angetrieben werden. Das Kanalsystem gilt als technisches Denkmal und steht unter Denkmalschutz.

Quelle: Wikipedia

Der Bootsanleger für Fahrten durch den Oberlandkanal liegt an der Promenade des Drewenzsee in Ostroda. Von hier führt der Kanal als Rinnensee durch den Draunensee bis Elbing. Meine Mutter schwärmte immer schon vom Drewenzsee, der Promenade und dem Bismarckturm in der Parkanlage am Seeufer in ihrer Heimatstadt Osterode Sie hatte nicht zu viel versprochen, Ostroda wie es heute heißt ist ein Kleinod und ich werde bestimmt wiederkommen und am Seeufer einen Sundowner trinken und mit Livemusik den lauen Sommerabend genießen.

Aber so weit war es noch nicht. An einem sonnigen Vormittag stand ich am Kartenhäuschen vor der Anlegestelle des Ausflugsbootes und kaufte mir ein Ticket.

Die Fahrt auf dem Kanal dauert ungefähr 4,5 bis 5 Stunden. Gegen 5 halb 6 würden wir in Elbing sein und man erreicht bequem die Busse und zurück geht es nach Ostroda. Die Fahrt mit dem Bus ist kurz. Das Boot ist ein Ausflugsdampfer, wie er auch auf dem Wannsee in Berlin oder dem Baldeneysee in Essen zu finden ist. Das Wetter ist herrlich und ich bin mit Sonnenschutz und Schirm auf viel Sonne vorbereitet und mache es mir auf dem Außendeck bequem. Das Schiffchen tuckert los und das nahe Ufer zieht friedlich und freundlich vorbei. Da plötzlich, PING, eine SMS von Mariola, *-Wie geht es dir? Wir machen uns Sorgen-* Wie bitte, ich sitze hier doch sicher und bequem mit anderen Urlaubern, warum sollte es mir schlecht gehen. Seekrank werde ich nicht und schon gar nicht drei Meter vom Ufer entfernt. PING, schon wieder? –*Ist alles in Ordnung? Bist du o.k.?*- Ja klar was sollen jetzt diese Fragen? In der Zwischenzeit haben wir, an winkenden Spaziergängern und Radfahrern vorbei die sogenannten „schiefen Ebenen" erreicht, ein absolutes Highlight. Die Boote werden an jeder Rollstufe auf Schienen geführt und erheben sich aus dem Wasser. Wie eine Straßenbahn fahren sie über das grasbewachsene Land in die Höhe. Große Räder, angetrieben nur durch Wasserkraft, hieven sie aus dem Wasser hoch, bis der Höhenunterschied zur nächsten Stufe erreicht ist und sie wieder Wasser unter dem Kiel haben. Dann fahren die Schiffchen es weiter als sei nichts gewesen. Fünf solcher „schiefen Ebenen" gibt es auf der Strecke. Jede ein spannendes, technisches Wunderwerk. Umweltfreundliche Wasserkraft, schon im vorletzten Jahrhundert konzipiert. Nachdem wir die

Rollberge hinter uns hatten, wurde die Fahrrinne deutlich breiter und das Ufer war nicht mehr zu sehen. Die letzte Etappe der Tour war erreicht, es ging durch den Draunensee. Bald würden wir in Elbing anlegen. Es hatte zu regnen begonnen und merklich kühler wurde es auch. PING, schon wieder! – *Wo bist du? Immer noch auf dem See? Das ist zu gefährlich! Der Sturm ist ja schrecklich. Der See ist gefährlich, komm nach Hause!!!-* Nach Hause fahren, wie denn? Wir sind mitten auf dem Wasser. Sorry, Sturm? Hier ist kein Sturm. Allerdings, so etwas hatte ich noch nicht gesehen. Auf dem Oberdeck sitzt man bequem und ich schaue in den Himmel. Der Himmel spannt sich wie Kuppel über den See wie in einer Schneekugel. Zu meiner rechten Seite ist der Himmel grau und es regnet, ein paar Tropfen treffen mich, aber nicht viele, die meisten fallen in den See. Zu meiner linken Seite ist der Himmel blau und die Sonne wärmt meinen linken Arm. Der Himmel über mir, eine Trennlinie zwischen Regen und Sonne, fast wie mit dem Lineal gezogen. Ich träume wohl? Nein, es war kein Traum. Ich kann mich nicht sattsehen an diesem Schauspiel. In meiner Faszination hatte ich nicht bemerkt, dass sich unser Boot nicht mehr bewegte, es steht fest mitten auf dem Wasser und steckte irgendwie fest. Eine kleine Segelyacht klebt fast an unserem Heck, sie steckt ebenfalls fest. Unruhe kommt auf, was ist los? Ich versteh nur Bahnhof, die Rufe und Schreie in polnischer Sprache! Ich kann sie nicht verstehen. Urplötzlich wird der Himmel über uns tiefschwarz und der Regen prasselt nur so auf unsere Nussschale herunter. Die Passiere flüchten auf das Unterdeck. Hier wird es dann richtig panisch, denn vor den Fenstern des Unterdecks sieht man die Wasseroberfläche nicht mehr. Wir werden unter der Wasseroberfläche von den Wurzeln der Wasserpflanzen festgehalten, die tief im Wasser gründen und normalerweise ruhig, wie große Inseln auf dem See liegen Einige dieser Inseln hat sich in dem Sturm, der schon länger über weite Teile des Sees tost und uns jetzt auch kräftig im Griff hat, aus ihrem Untergrund gerissen. Urplötzlich und direkt über uns öffnen sich die Tore der Hölle, mit Hagel, Blitz und Donner und drohen uns zu verschlingen. Die Wurzelwerke haben unser Boot und die kleine Yacht manövrierunfähig gemacht, wir stecken fest. Einige Frauen schreien und weinen, sie drängeln sich an den anderen vorbei und wollen auf das Oberdeck. Sie müssen dringend beruhigt werden. Denn mit einer Panik war Keinem geholfen. Ist das etwas übertrieben? Uns bleibt nichts weiter übrig, wir müssen Vertrauen in das Schiffspersonal setzen. Schließlich sind wir ja keine Abenteurer und Entdecker, sondern einfach Sommerfrischler auf einem harmlosen Binnensee. Oder vielleicht doch nicht? Der Kapitän kommt mit ein paar Matrosen nach unten und erklärt die Sachlage. Ja wir stecken fest und die Skipper hinter uns auch. Er erklärt weiter, dass man jetzt das Boot in Schaukelbewegungen versetzten werde und sich dann, so Gott will, das Wurzelwerk löst und wir frei kommen. So soll es dann sein. Die Schaukelbewegungen setzen ein und allen Passagieren, mich eingeschlossen, wird es mulmig und flau im Magen. So gut ich es auf dem Wasser vertragen kann, das hier ist zu heftig. Schaukel nach rechts, Schaukel nach links, jede Bewegung ein bisschen heftiger. Vor den Fenstern nur braune Brühe und Wurzeln, als läge man schon unter der Erde. Wir halten uns fest woran egal, hoffentlich nur nicht fallen. Dann ein lautes „Ratsch" und „Knack" und die Fenster geben den Blick auf die Wasseroberfläche frei. Eine riesige Platte aus Wasserpflanzen und Wurzelwerk treibt vom Boot weg auf den See. Um uns herum treiben noch weitere „Inseln", vom Sturm aus dem Grund des Sees losgerissen. Nach einem kurzen Moment der Stille, Applaus und Lachen. Wir versuchen auf das Oberdeck zu krabbeln. Natürlich alle gleichzeitig, was wieder kurzfristig einen Stau verursacht. Oben steht der Kapitän und spricht mit den beiden Seglern der Yacht. Auch sie sind wieder frei und können ihren Segelturn fortsetzen. Allein hätten sie das leichte Boot nicht so schnell befreien können.

Wir kommen mit drei Stunden Verspätung in Elbing an. Die Busse bringen uns nach Ostroda zurück. Mariola erwartete mich an der Promenade. Froh, dass ich heil zurück bin. Sie erzählt, dass der Sturm schon kurz nach meiner Abfahrt über der Stadt toste und sich alle große Sorgen um mich gemacht hatten.

Sehr lieb aber unnötig, denn ich habe einen unvergesslichen Tag erlebt. Obendrein habe ich gelernt, es gibt sie doch, die Wassergeister, Nixen und Unholde, die ein Boot auf Nimmerwiedersehen verschlingen können.

Ich werde dem Wasser, egal ob Meer oder See, egal wo, ein bisschen demütiger begegnen.

Ein Brand in Rom

2015

Rom ist eine spannende Stadt Obwohl wichtige Sehenswürdigkeiten relativ nahe beieinander liegen benötigt man doch mehr als nur ein paar Tage Zeit um das Wichtigste zu besuchen, anzusehen und verarbeiten. Ich hatte mich für einen zweiten Besuch in der ewigen Stadt entschlossen um diesmal die römische Geschichte und die Anwesenheit deutscher und britischer Romantiker zu Beginn des 19ten Jahrhunderts näher zu erkunden.

Mein Flug war längst gebucht, als die Airline mit der ich abheben sollte, mit schrecklichen Bildern die Medien beherrschte. Ein Flugzeug der Germanwings Airline war in Frankreich gegen einen Berg geprallt und abgestürzt. Tote, vor allem junge Menschen eine Schülergruppe, waren zu beklagen. Selbst in meinem engsten Umfeld. Die sechszehnjährige Tochter einer Tanzfreundin aus Haltern war, mit weiteren

Schulkameraden an Bord der Maschine um an einem Städtepartneraustausch teilzunehmen. Es sollten fröhliche Tage werden, aber die Gruppe kam nicht mehr gesund und lebend zu ihren Familien zurück. Sie wurden gemeinsam, unter großer Anteilnahme, auf dem Halterner Friedhof zu Grabe getragen.

Jetzt mit einer anderen Maschine dieser Airline zu fliegen machte mir keine Probleme. Ich bin viel gereist, in die unbekanntesten Länder und mit den unterschiedlichsten und kuriosesten Fahrzeugen und es ist immer gut gegangen. So auch jetzt. Wir kamen pünktlich in Rom an. Der Weg in die Stadt ist mit dem Zug und dem Bus eine Kleinigkeit. Mein Hotel kannte ich schon vom meinem ersten Aufenthalt. Ein kleines überschaubares Haus, mit bequemen sauberen Zimmern und einem Frühstück wie es seinesgleichen suchen muss. Die jungen Besitzer führten ihr Haus nach ökologischen Gesichtspunkten. Frische Produkte aus der Region standen frisch und appetitlich auf dem Frühstückstisch.

Ich hatte mir für meine zweite Romreise die Punkte ausgesucht, die ich zwei Jahre zuvor nicht mehr abarbeiten konnte. Eine Fahrt nach Kastell Gandolfo und die Strände in Tivoli und Ostia Antica gehörten dazu.

Alle Punkte sind recht einfach mit dem Nahverkehrszug in kurzer Zeit zu erreichen. Schon die alten Römer wussten um die frische und reine Luft am Meer. Obwohl auch eine Handels- und Hafenstadt, war Ostia auch ein schicker antiker Badeort mit den Vergnügungen der Zeit. Thermen und ein Theater luden zur Entspannung ein. Eine Schänke ist heute noch gut erhalten zu besichtigen. Wer reich war, baute sich eine große Villa direkt am Forum und führte ein sorgenfreies Leben. Aber auch in Ostia wohnte die Mehrheit der Bewohner in sogenannten Insulae, heute würde man Mietkaserne sagen, und arbeitete hart für das Leben.

Kastell Gandolfo liegt wie Ostia, ebenfalls im Latium in den Albaner Bergen, hoch über dem Albaner See. Von den terrassenartigen Gärten hat man einen wunderbaren, unvergleichlichen Blick auf den See. Ein beneidenswert schönes Stückchen Erde haben sich die Päpste hier als Sommersitz ausgeguckt. Ich bin mit dem Minibus, von Frascati aus hier herauf gefahren und wieder zurück nach Frascati, um mit dem Zug zurück in die Stadt zu gelangen. Aber nicht ohne vorher in einer typischen Osteria einzukehren und für ein kleines Mittagessen eine Portion Pennette mit frischem Gemüse, Kräutern und Rucola Salat, dazu ein Viertel Rotwein zu genießen. Ja, seit dem sehe ich den „Frascati" den einfachen Wein, der hierzulande unter Weinkennern keinen großen Zuspruch bekommt, mit anderen Augen. Alles war köstlich hier vor Ort.

Auch in Tivoli einer kleinen Stadt ca. 30 KM vor den Toren Roms verbrachte ich einen wunderschönen Tag. Der Strand ist super gepflegt, leider kann man ihn nicht einfach so benutzen. Die Strandabschnitte sind bewirtschaftet und gehören vielfach zu den

Hotels an der Promenade. Schöne kleine Hotels mit dem Charme der vergangenen Zeit, der zwanziger und dreißiger Jahre des letzten Jahrhunderts. Hier kommt Cote Azur Feeling auf. Man kann sie fast sehen, die eleganten Damen in leichten Sommerkleidern mit Strohhüten und Sonnenschirmen und die Herren in weißen Hosen und Panamahüten oder Golfhosen und Ballonmütze. Mir hat es sehr gefallen in einem der kleinen Cafés, einen Mokka zu trinken und ein Eis zu essen.

Bei einer Familienfeier hörte ich folgendes Gespräch zweier Schwestern. Eine der Beiden arbeitet in einem Reisebüro." *Stell dir vor, da war letzte Woche eine Frau bei uns im Büro und wollte eine Romreise buchen, das hätten wir ja noch hingekriegt. Aber*, (dann kam ein herzhaftes Lachen) *dann wollte sie auch noch ans Meer. Nach Rom und von da aus direkt ans Meer. Leute gibt es, da fehlen einem ja die Worte."* Mir fehlten auch die Worte, ich habe mich leider geäußert und auf Tivoli und Ostia hingewiesen. Außer einem schrägen Blick und einem ungläubigen *„Das hab ich noch nie* *gehört, das gibt es doch gar nicht"* erntete ich hier keine weiteren Lorbeeren. Ich kann nur hoffen, dass die Dame ein anderes Reisebüro aufgesucht hat und eine tolle Reise gemacht hat oder soll ich mir lieber wünschen, dass gar nicht so viele Touristen herfinden und der originelle Charme noch lange erhalten bleibt? Lesen und Reisen sollte auch für Reisekaufleute Pflicht sein

Fünf Tage gehen schnell vorbei und der Tag meiner Heimreise war schon gekommen. Ich war nicht in Eile, der Nahverkehrszug hatte mich pünktlich wieder zurück am Airport ausgespuckt. Den Weg in die Abflughalle zu meinem Gate meisterte ich schnell und gelangte in die schwach besuchte, relativ unaufgeregte Abflughalle A. Hier saßen die Menschen mit ihren Mobil Phone und Tablets oder schwatzten, alles wirkte ruhig und professionell. Dann nur noch getrennt durch Milchglastür stand ich in der Halle C vor dem Check-In Schalter meiner Airline. Himmel hier sah es aber völlig anders aus. Vor den Schaltern standen schon ziemlich viele Leute in einer langen Schlange. Gut das ich meine Bordkarte schon ausgedruckt hatte und nur noch den Koffer am   Drop Off Schalter abgeben musste. Wo war der eigentlich? Über meinem Schaltern gab es keine Anzeige, ja alle Schalter lagen in Dunkelheit, nirgendwo brannte Licht. Waren etwa alle Schalter noch geschlossen? Na ja, in zwei Stunden sollten wir doch in der Luft sein. Die Halle füllte sich unaufhörlich weiter mit Reisenden und deren Familien. Große Mengen Gepäck verstellten fast jeden Zentimeter Raum und es wurde ziemlich ungemütlich und warm in der Halle. Komisch was war das eigentlich für ein seltsamer Geruch? Ich schien ihn erst jetzt zu bemerken. Es roch irgendwie chemisch, jedenfalls nicht besonders gesund. Mit den nachdrängenden Menschen kamen auch neue Nachrichten in die Abflughalle. Es habe in der Abflughalle C gebrannt und zwar im Transit Raum, direkt an unseren Abflug-Gates. Die Feuerwehr sei noch bei der Arbeit und Im Augenblick dürfe sich dort noch niemand ohne Erlaubnis aufhalten. Giftige Dämpfe hätten alles verseucht. Außerdem gebe es keinen Strom und der gesamte Check In müsse im Fall des Falles von Hand abgewickelt werden. Wenn, ja wenn überhaupt ein Start möglich sei. Als die Halle voller Menschen zu bersten drohte und die ersten massiven Unmutskundgebungen laut wurden, kam Bewegung in die Sache. Als erste Maßnahme verteilte das Bodenpersonal Atemschutzmasken, es waren einfache Einweg-OP Masken. Aber es sei ein „hervorragender Schutz" gegen die giftigen Dämpfe und es bestehe natürlich keinerlei Gefahr. Es geschähe nur um den Ängsten der Passagiere vorzubeugen"…. Auch beim Check-In kam Bewegung auf. Zwei Damen kamen zum Schalter und begannen die Koffer anzunehmen und die Passagiere einzuchecken. Da ich ziemlich weit vorne stand, ging das bei mir sehr schnell und ich konnte mich auf den Weg zum Transit in der Abflughalle machen. Der Flughafen Rom Fiumicino verfügt über zwei Abfertigungshallen A und C. Wir sollten aus C abheben. Der Weg zur Halle war ziemlich lang, aber unterwegs war alles ruhig und gelassen. Die Passagiere in Halle A wurden zügig und freundlich zu ihren Gates geleitet. Na ja, so schlimm konnte es mit dem Brand nicht sein, alles wie immer.

Dann stand ich vor dem Transit der Halle C. Eine kleine Menschenschlange blockierte schon den Eingang und es dauerte ein paar Minuten, bis ich nach dem Vorzeigen meiner Bordkarte die Halle betreten durfte.

Chaos! Ich trat in einen Raum, der für ca. 200 bis 300 Hunderte Personen ausgelegt war. Hier drängelte sich aber schon fast die doppelte Anzahl Menschen. Das Rondell in der Mitte der Halle, hier stand wohl bis heute eine Kaffeebar, war bis zur Unkenntlichkeit zusammen geschmolzen und stank fürchterlich nach verbranntem Kunststoff. Die Menschen drängelten sich an den vier Ausgängen die zu den Flugzeugen führten sollen. Hier werden normalerweise in kurzem Abstand die Flüge in alle Himmelsrichtungen abgefertigt. Jetzt waren die Eingänge verschlossen und von der

Feuerwehr mit Flatterband abgesperrt. Die Wände und die Scheiben in den Türen, rußschwarz. Informationen gab es keine. Durch die Eingangstür drängten weitere Männer, Frauen und Kinder in den engen Raum nach. Die wenigen Sitzplätze waren längst belegt und so fanden auch ältere oder Menschen mit Handicap, Müttermit kleinen Kindern keine Möglichkeit sich hinzusetzen. Ich hatte das Glück auf eine Reisegruppe aus Bochum zu treffen. Kleine Kinder und Oma und Opa waren mit von der Partie. Wir waren acht Leute. Es gelang uns eine Sitzgruppe mit sechs Plätzen zu ergattern. Wir wechselten uns jetzt ab und jeder konnte sich mal im Sitzen ausruhen und die Beine ausstrecken.

Mittlerweile war es Mittag geworden. Eigentlich sollte ich jetzt längst in der Luft in Richtung Heimat sein. Aber hier ging nichts mehr. Auf der großen Anzeigentafel die mitten in der Halle die Flugbewegungen anzeigen sollte, bewegte sich nichts. Flüge, die schon vor zwei Stunden hätten abgefertigt sein sollen, standen noch auf der

Liste. Die Menschen wurden unruhig. 3000 Personen standen und lagen mittlerweile auf engstem Raum zusammen. Die Café Bar war abgebrannt und niemand konnte sich mit Snacks oder Getränken versorgen. Die Luft wurde knapp und der Brandgeruch verursachte Übelkeit und Kopfschmerzen. Unsere Ruhritruppe hatte einen Jungen abgestellt, der den langen Weg in das andere Terminal lief, und in einem Korb Sandwiches und Wasserflaschen besorgte, wir hatten großes Glück.

Die Menschen wurden immer ungeduldiger und die Stimmung kippte vollends. Lautstark wurde verlangt, dass endlich ein Verantwortlicher hier mal einschreite und die Abfertigungen endlich stattfinden ließe. Die Maschinen, die uns an unserer Reiseziele bringen sollten, waren nämlich alle längst in Rom eingetroffen und standen auf den Rollfeldern bereit. Aber Nichts geschah. Gegen Mittag hatte ich endlich ein Netz für mein Mobil Phone und Herbert rief mich an, wann ich denn in Düsseldorf landen würde?

Auf den Anzeigetafeln dort in Deutschland war meine Maschine als verspätet gelistet. Herbert erzählte mir auch, dass in Düsseldorf eine ziemliche Unruhe herrsche, denn die meisten Abholer hatten noch keinen Kontakt zu ihren Familien. Das Unglück Tage zuvor lastete sehr stark in den Köpfen und Herzen. In Rom eskalierte die Geschichte. Lautstark wurde jetzt die Abfertigung verlangt, Reisende versuchten gewaltsam zwei Türen aufzubrechen. Das Personal war hilflos und drohte mit der Polizei. Offensichtlich hatte einer der Verantwortlichen noch einen Rest von Verstand und ließ, erstmal nach Stunden, Flaschen mit Trinkwasser verteilen. Danach kam ein Aufruf, dass sich die Abfertigung noch verzögere und man nicht wisse, ob an diesem Tag noch ein Flieger abhebt. Nach diesem Aufruf wurden alle Flüge auf der Anzeigetafel mit einen Schlag gecancelt. Ich erhielt wieder einen Anruf von Herbert, der mir aufgeregt mitteilte, dass im Düsseldorfer Flughafen Panik auszubrechen drohe, denn auch hier war der Flug abrupt als gecancelt ausgewiesen. Genauso hatte es sich eine Woche zuvor zugetragen, als eine Maschine der Germanwings vom Co Piloten gegen eine Felswand gedonnert wurde und alle Passagiere den Tod fanden. Herbert berichtet, dass die wartenden Angehörigen nur langsam wieder zur Ruhe kämen. Erst als man sich sicher war, dass alle Reisenden sich noch wohlauf in Rom befanden, entspannte sich Lage.

Ich hatte genug von dieser Geschichte hier im Terminal und für mich beschlossen, ich mache mich auf die Puschen und fahre direkt zum Bahnhof Termini, um mit dem nächsten Zug den ich erreichen kann nach Hause zu fahren. Aber in diesem Augenblick ging eine jungen Frau mit einem Schild an mir vorbei und rief mit eher leiser Stimme "Nach Düsseldorf zum Gate 4". Ich ging ihr nach und siehe da zumindest unser Flug wurde durch eine Seitentür abgefertigt und wir flogen mit siebenstündiger Verspätung in Richtung Deutschland.

Meine Beschwerde bei Eurowings hatte keine große Wirkung. Ich glaube, die hatten nicht einmal ein schlechtes Gewissen. Ich war zwei Jahre später noch einmal in Rom. Von dieser Reise bin ich dann tatsächlich mit dem Zug heimgekommen.

Aber das ist eine andere Geschichte.

Epilog

Liebe Leserin, lieber Leser!

Noch auf ein Wort. Dieses Büchlein beruht auf meinen eigenen Erinnerungen. Es kann uns soll kein Reiseführer für heutige Reisende sein

Es beschreibt die Orte wie ich sie, zu der jeweiligen Zeit meines Aufenthaltes, erlebt und gesehen habe.

Vieles hat sich in 50 Jahren verändert, aber die Ziele sind noch genauso schön und jede Reise ein neues Abenteuer.

Ich wünsche Ihnen für Ihre Reise alles Gute und eine gesunde Heimkehr.